KB274738

립스틱 경제학

립스틱 경제학

경제교육연구회 지음

위즈덤하우스

 # 불황에는 경제가 야해진다

불황에는 립스틱이 많이 팔린다거나 불황에는 미니스커트가 유행한다는 등의 속설은 누구든 한두 번쯤 들어 보았을 것이다. 이런 속설이나 경제 상식들은 굳이 어려운 경제 이론을 몰라도 납득이 되고, 때로는 경제에 대해 많은 것을 생각하게 해준다. 경제에는 왜 이렇게 속설이 많은 것일까? 물론 그만큼 사람들이 경제에 관심이 많다는 의미일 것이다. 그러나 조금 더 생각해 보면 이런 속설들은 맞든 아니든 사람들의 행동에 일정한 패턴이 있다는 것을 전제로 한다. 대부분의 사람들이 이런 상황에서는 이렇게 행동하고, 저런 상황에서는 저렇게 행동한다는 식의 전제 말이다. 바꿔 말하면 이는 사람들의 행동에 일정한 합리성이 있다는 뜻이 된다.

흔히 경제학은 사람들의 합리적 측면만을 지나치게 강조한다는 비판을 받는다. 하지만 현실에서 사람들이 언제나 합리적인 선택만을 하지는 않는다. 요즘 자주 인용되는 유명한 경제학자 케인스의 표현을 빌면, 인간은 언제나 이성에 의해서만 행동하는 것이 아니라 때로는 '야성적 충동animal spirits'에 따라 행동한다. 그런데 또 이런 얘기가 곧잘 들리다 보니 마치 합리성이라는 것이 오히려 나쁜 것처럼, 사람은 전혀 합리적이지 않거나 합리적이어서는 안 되는 것처럼 오해를 하는 분들도 적지 않다. 사람이 언제나 합리적이지는 않다는 말이 때로는 인간적인 감정이 합리성보다 더 중요할 수도 있다는 의미이지, 반대로 사람이 언제나 비합리적이라는 의미로 이해되어서는 곤란하다.

경제학이 언급하는 사람들의 합리성이란 그리 대단한 것이 아니다. 대부분의 사람들은 대체로 합리적이고, 또 더러는 부족할지라도 합리적으로 행동하려고 노력한다. 이런저런 속설들이 알려 주는 중요한 사실은 사람들이 가진 합리성이 서로 닮았다는 것이다. 다시 말해서 보통 사람들의 서로 비슷한 생각들이 바로 합리성인 것이나. 합리성과 야성적 충동이 서로 다른 것이 아니고, 대부분의 사람들이 비슷하게 생각하고 행동하면 그것이 바로 합리성이다. 단지 보통 사람들은 자신의 행동을 스스로도 잘 설명하지 못하기 때문에 그것을 야성적 충동이라고 부를 뿐이다.

그런데 잘 살펴보면 경제에 대한 속설들 대부분이 불황에 관한 것이고 호황에 관한 것은 거의 없다. 유독 불황에 이런저런 경제 속설들이 많은 이유는 무엇일까? 당연히 불황일수록, 다시 말해 경제가 어려울수록 사람들의 관심이 경제로 모아지기 때문이다. 정확하게 말하자면 경제에 대한 관심은 호황이든 불황이든 크게 다르지 않다. 다만 호황일 때는 "어떻게 돈을 벌까?"에 관심을 가진다면, 불황일 때는 "어떻게 돈을 잃지 않을까?"에 더 관심을 가지게 된다는 점이 다를 뿐이다.

'하이 리스크 하이 리턴High Risk High Return, 노 리스크 노 리턴No Risk No Return' 이라는 말이 있다. 많은 수익을 원한다면 그만큼의 위험을 무릅써야 하고 반대로 위험이 없이는 수익도 없다는 뜻이다. 그래서 사람들은 언제나, 호황이든 불황이든 위험과 수익을 평가하면서 행동하지만, 아무래도 불황일수록 수익보다 위험을 더 중요하게 판단하기 마련이다.

위험을 최소화하는 가장 좋은 방법은 다른 사람들의 행동을 따라 하는 것이다. 사람들은 누구나 돈 버는 요령 따위는 다른 사람과 나누려고 하지 않기 때문에 호황일 때는 서로 정보를 감추려는 경향이 있다. 그러나 불황이 되면 "다른 사람들은 어떻게 판단하고 행동

할까?"에 많은 관심을 가지게 되고, 사람들이 행동하는 방식에 주목하게 되니 자연히 이런저런 속설들도 쏟아져 나오게 된다.

물론 호황일 때는 속설들이 전혀 없다는 뜻은 아니다. 다만 호황일 때는 아무도 이런 이야기에 관심을 가지지 않다가 불황이 되니까 속설에 귀를 기울인다는 것이다. 비단 경제에만 적용되는 것이 아니다. 사람과 사람 사이의 관계에서도 마찬가지다. 소중한 사람이 옆에 있을 때는 소중함을 모르다가, 그가 떠난 후에야 그 소중함을 깨닫는 경우가 많다. 그렇다면 이 많은 경제 속설들이 우리에게 가르쳐 주는 진정한 교훈이 "있을 때 잘하라."는 것일까? 그렇지는 않다. 이런저런 속설들에 너무 휘둘리지 말고 세상을 보는 바른 지혜와 안목을 가지라는 뜻이다.

그렇다면 이런 속설들은 얼마나 진실일까? 사실대로 말하자면 "아무도 모른다." 왜냐하면 그것들은 꼭 맞는다고도 틀렸다고도 말하기 어렵기 때문이다. 경제학이 서로 정반대의 결론을 증명했다는 공로로 각각 노벨상을 받은 유일한 학문이라는 이야기는, 경제학 교과서들에서 자주 우스갯소리로 인용되고는 한다. 그렇다고 '경제학은 이상한 학문'이라거나 '경제학자라는 사람들은 거짓말쟁이구나.' 하고 생각할 필요는 없다. 경제학이 모순된 이유는 바로 우리가 살고 있는 이 경제 현실이 워낙 모순이기 때문이다. 그러니 이런저런 경제 속설들이 맞기도 하고 틀리기도 하다는 것이 이해가 안 될 수도 있지만, 실은 바로 그것이 진실이다.

한마디로 결론을 말하면, 속설들이 옳으냐 그르냐를 따지는 것은 그다지 의미가 없다. 흑백논리처럼 옳으면 옳고 그르면 그르다고 단정 짓는 것보다 더 중요한 것은 옳다면 왜 옳은가, 그르다면 왜 그른가에 대한 이유를 이해하는 일이다. 우리가 경제학을 배우는 목적도 바로 여기에 있다. 우리는 경제학이 우리가 필요로 하는 삶의 지혜를 주는 소중한 학문이라고 생각한다. 명색이 경제학으로 밥을 먹고 사는 사람이 경제학이 무용無用하다는 이야기를 해서야 어떻게 제대로 된 경제학자일 수 있겠는가? 다만 경제학을 전공하지 않는 보통 사람들이 왜 경제학과 관련한 어렵고 복잡한 수식과 이론을 억지로 배우고 암기하려고 애쓰는지를 이해할 수 없을 뿐이다. 세상을 사는 이치를 억지로 암기하려 들지 말고 올바로 이해하자는 말이다. 물론 때로는 어려운 경제 이론을 배워야 할 때도 있지만, 설령 그렇다 하더라도 겨우 겨자씨만큼만 필요할 뿐이다. 경제학 자체를 배우기보다는 경제학이 말하고자 하는 삶의 지혜가 더 소중하기 때문이다.

신록 우거진 여름

저자들 드림

립스틱 경제학
차례

속설에 관한 톡톡 튀는 이야기 | 흔들리는 여심을 사로잡아라

속설에 관한 톡톡 튀는 이야기 | 백만장자를 만들어 준다는 뻔한 거짓말

1

짧을수록 돈 되는
미니스커트의 비밀

LIPSTICK ECONOMICS

경기가 불황일수록 온갖 속설들이 난무한다. 그 이유는 무엇일까? 당연히 불황일수록 사람들은 불안해지고, 불안으로부터 위안을 얻을 수 있는 무언가를 찾기 때문이다. 이런 속설들 가운데 가장 유명한 것은 바로 "불황일수록 미니스커트가 유행한다."는 속설이다. 실제로 처음 미니스커트가 출현한 때에도 그랬고, 요즘 우리 경제 역시 이 속설과 맞아떨어진다. 최근 들어 우리나라에서 미니스커트가 유행하기 시작한 것은 대략 2003년부터인데, 이는 국내 경기가 급속히 악화된 시점과 대략 비슷하다. 과연 그럴까?

이 속설이 옳은지 아닌지 생각해 보기 전에 먼저 치마 길이가 얼마나 짧아야 미니일까? 국어사전에서는 미니스커트를 '옷자락이 무릎 윗부분까지만 내려오는 아주 짧은 길이의 서양식 치마'라고 설명하고 있다. 보통 무릎 위 10~20센티미터 길이의 치마를 말한다. 미니스커트의 '미니mini'는 '극소, 매우 작다'는 뜻을 가진 '미니멈minimum'의 약자로, 단순성과 간결성을 추구하는 예술 사조인 '미니멀리즘minimalism'의 맥락에서 나온 말이다.

그전에도 몇몇 디자이너들에 의한 실험적인 시도가 있었지만, 미니스커트가 본격적으로 유행하기 시작한 것은 영국의 디자이너 메리 콴트Mary Quant와 그녀의 동료였던 진 무어Jean Muir에 의해서라는 것이 정설이다. 영국에서 태어난 콴트는 영국의 국립 골드스미스 예술학교Goldsmith University of London에서 회화를 전공했다. 그녀는 1955년, 런던에 패션 숍을 열어 젊은이들을 위한 의상을 만들기 시작했다. 그 후 새로운 패션을 위한 몇 번의 실험 끝에 1959년에 다리 곡선과 엉덩이를 부각시키는 과감한 스타일의 미니스커트를 처음 발표했고, 이를 바탕으로 1960년대 중·후반 전 세계에 미니스커트 열풍을 일으켰다.

어떤 이들은 1960년대 중반, 실험적인 스타일과 다양한 소재의 의상들을 발표했던 프랑스의 디자이너 앙드레 쿠레주Andre Courreges를 미니스커트의 진정한 창시자로 평가하기도 한다. 건축학을 전공했던 쿠레주는 여성복 디자이너로서는 처음으로 치마 길이를 허벅지 중간까지 끌어올린 사람이다. 그러나 디자이너로서 그의 이름을 유명하게 한 것은 당시의 우주 개발 붐에 힘입어 기하학적인 선으로 우주의 매력을 의상에 표현한 '스페이스 룩space look'일 것이다. 그는 비닐, 인조 가죽, 금속, 유리 등의 새로운 소재를 디자인에 이용한 최초의 디자이너이기도 했다.

미니스커트는 젊은이들에게 계급사회에 대한 반항과 노출의 고정관념을 탈피한 새로운 시도였지만, 다리를 외설적인 것으로 여겨 피아노 다리에도 양말을 신겼던 보수주의자들에게는 비난의 대상이 될 수밖에 없었다. 콴트의 디자인을 두고 사회 일각에서는 미풍

양속을 해친다는 항의가 빗발쳤다. 그러나 어떤 비난도 미니스커트의 인기를 막지는 못했다. 여성들의 치마 길이는 점점 더 짧아졌고 미니가 잘 어울렸던 깡마른 모델 '트위기Twiggy'를 따라 하기 위해 여성들은 혹독한 다이어트를 감행했다. 지금도 미니스커트에 가장 잘 어울리는 모델로 기억되는 모델 트위기는 10대 때 167센티미터의 키에 몸무게 40킬로그램, 허리 둘레가 22인치에 불과했던 말라깽이로, 요즘 사회문제로까지 제기되는 젊은 여성들의 심각한 다이어트 광풍을 유발한 장본인이다.

우리나라에 미니스커트가 처음 등장한 것은 언제일까? 1967년 1월 미국에서 귀국한 가수 윤복희가 미니스커트를 입고 비행기에서 내리던 때다. 허벅지가 다 드러난 그녀의 의상을 보고 흥분한 시민이 달걀을 던졌다는 일화도 있다. 그러나 실제 윤복희의 주장에 의하면 그녀가 귀국한 것은 추운 1월이어서 미니스커트를 입지 않았고, 그나마 한밤중이어서 구경하는 시민도 없었다고 한다. 우리가 기억하는 장면은 어떤 상업광고가 만들어낸 해프닝이었던 것이다.

실제로 윤복희가 처음 대중에게 미니스커트를 선보인 것은 그해 2월에 발표된 첫 독집 앨범에서이다. 그녀는 앨범 재킷에 미니스커트를 입고 찍은 아찔한 모습을 선보였고, 같은 해 3월 미니스커트를 입고 패션쇼 무대에 올랐는데, 아마 우리나라에서 미니스커트가 정식으로 출현한 첫 무대는 바로 이때로 보는 것이 옳을 듯싶다.

근엄한 분위기의 당시 한국 사회에 미니스커트는 충격 그 자체였다. 하지만 윤복희의 도발에 젊은이들은 열광했고 그녀는 한순간에 새로운 청년 문화의 아이콘으로 떠올랐다. 보수적인 기성세대는 말세의 징조라고 혀를 내두르기도 했지만, 젊은이들 사이에서는 미니스커트 열풍이 불기 시작했다. 미니스커트의 유행은 기성세대가 억누르고 죄악시해왔던 육체성의 발현이었으며 청년 세대는 이것을 통해 자신들을 기성세대와 구분 짓고자 했다. 그러나 기성세대의 관점에서 미니스커트는 철없는 젊은이들의 타락과 일탈의 발로로밖에 보이지 않았다. 급기야 박정희 정부는 미니스커트 단속에 나섰고, 대낮에 경찰관들이 자를 들고 아가씨들의 미니스커트 길이가 무릎 위 15센티미터를 넘는지 안 넘는지 재는 진풍경이 연출되기도 했다.

그렇다면 과연 불황일수록 미니스커트가 유행한다는 속설은 사실일까? 우리나라의 경우 최근 몇 년 동안의 불황 속에서 미니스커트 판매량이 급증하면서 스커트의 길이가 평균 30~40센티미터에서 20센티미터 안팎으로 짧아졌다고 한다. 삼성패션연구소가 캐주얼 의류 착용 경향을 조사한 결과를 보면 2009년 스커트를 입은 여성이 전체 여성의 31퍼센트로 1년 전 같은 조사에서의 21퍼센트에 비해 크게 늘어난 것으로 나타났다. 특히 스커트 중에서도 무릎 위 길이의 미니스커트가 차지하는 비율은 네 배 이상이나 증가해, 미니스커트 유행이 크게 확산되고 있음을 보여 주었다. 10대 후반에서 20대를 타깃으로 하는 브랜드에서 실시한 설문 조사의 경우, 미니스커트의 점유율이 스커트 상품 전체의 80퍼센트 이상을 차지할 정도라고 한다.

예전에 미니스커트라고 하면 무릎 위 10~20센티미터 정도의 길이를 의미했으나 최근에는 무릎 위 30센티미터를 넘는 경우가 보통이라고 한다. 미니를 넘어 초super미니, 하이퍼hyper미니가 유행하고 있는 것이다. 재미있는 사실은 미니스커트를 구매한 고객의 연령대별 분포를 살펴보면 젊은 세대일수록 미니스커트를 더 많이 입으리라는 예상과는 달리 정작 40대 여성의 구매 비율이 가장 높다는 것이다. 그 이유로는 중·장년층의 보다 젊어 보이고 싶은 욕구가 최신 패션 트렌드와 맞물리면서 그러한 경향이 두드러진 것으로 풀이할 수 있다. 물론 40대의 구매력이 20~30대보다 높은 것도 하나의 이유일 것이다.

경기가 불황인 요즘 미니스커트가 유행인 것만은 확실하다. 그 이유는 과연 무엇일까? 많은 사람들이 경기가 불황일수록 미니스커트가 유행한나고 주상한다. 화학 원리 중 '르 샤틀리에의 원리Le Chatelier's principle'라는 것이 있다. 간단히 정의하면 평형 상태에 있는 물질의 어떤 조건이 바뀔 경우 원상태를 유지하려는 쪽으로 반응이 진행된다는 것이다. 가령 사이다 뚜껑을 따면 가스가 밖으로 나오는데, 이는 뚜껑이 열리면서 병 안의 압력이 낮아지게 되면 그 압력을 다시 높이기 위해 물 속에 녹아 있던 가스가 부피를 늘리면서 밖으로 나오는 것이다. 스케이트가 얼음 위를 잘 미끄러지는 것이나 높은 산에서는 낮은 온도에서 물이 끓는 것도 모두 이 원리 때문이다.

화학과 미니스커트가 도대체 무슨 상관이냐고 묻는 사람들도 있을 것이다. 르 샤틀리에 원리의 가장 단순한 의미는 바로 사람들이 날이 더우면 부채질을 하고, 날이 추워지면 열을 쬔다는 것이다. 이처럼 사람들이 경기가 나쁘면 짧은 치마를 입고 경기가 좋아지면 긴 치마를 입는다는 것이, 불황일수록 여성들의 치마 길이가 짧아진다는 이른바 '미니스커트 효과' 다.

경기가 나쁠수록 미니스커트가 유행한다는 주장의 근거는 대체로 다음과 같이 요약해 볼 수 있다. 먼저 생산자의 입장에서 보면 기업들은 경기가 나쁠수록 비용을 절약하고자 노력하기 마련이므로, 옷감이 적게 드는 미니스커트가 유행한다는 것이다. 실제로 제2차 세계대전 당시의 영국에서는 옷감 절약을 위해 치마를 짧게 입으라는 법령을 제정하기도 했다. 또한 불황일수록 디자이너나 의류 회사들은 소비자들의 눈에 더 잘 띄기 위해 애쓰게 되므로 더 자극적이고 화려한 색상과 디자인이 유행한다는 주장도 있다.

같은 이유를 소비자 입장에서 생각해 볼 수도 있다. 패션 전문가들은 경기가 어려운 때일수록 여성들이 초라해 보이지 않기 위해 화사한 색상과 튀는 디자인을 선호해 미니스커트가 유행하게 된다고 설명한다. 특히 불황일수록 한정된 소득으로 여러 벌의 옷을 사기 어렵기 때문에 소비자들은 한 벌로 눈에 띌 수 있는 화려한 디자인을 선택하게 된다는 것이다. 게다가 불황기에는 이런저런 경제적 스트레스를 많이 받게 된다. 구직자는 취업 스트레스를 겪을 수밖에 없고, 취업자들도 해고나 임금 삭감의 두려움에 시달린다. 이럴 때일수록 사람들은 쇼핑을 통해 스트레스를 해소하려는 '쇼핑 요법 retail therapy'을 추구하고, 심각하고 이성적인 것보다는 원초적 자극을 수반하는 소비를 한다는 것이다.

조금 엉뚱하게도 들리지만 이성에 대한 관심이 소비자들의 선호에 영향을 미친다고 주장하는 이들도 있다. 특히 패션 전문가들은 경기가 어려운 때일수록 여성들이 화사한 색상과 튀는 디자인의 미니스커트를 선호하는 이유가 여성다움을 강조함으로써 남성들의 보호를 받고자 하는 심리라고 설명한다. 불황에는 먹고 살기 바쁜 남성들이 여성에게 관심을 덜 가지게 되므로 여성들이 남성의 관심을 끌기 위해 짧은 치마를 입고 화장을 고치게 된다는 것이다. 물론 경기가 좋아지면 반대 현상이 일어난다고 한다. 경제적 여유가 생긴 남성들이 여성들에게 더 많은 관심을 가지게 되고, 반대로 여성들은 남성들의 눈길을 피하기 위해 긴 치마를 입는다는 것이다.

여기까지 들으면 불황일수록 미니스커트가 유행하는 이유가 그럴듯하게 들린다. 그러나 경기와 여성들의 치마 길이에 대한 반대의 주장도 꽤 많다. 우선 불경기에는 원자재 값을 아끼기 위한 일환으로 미니스커트가 유행한다는 주장에 대해 생각해 보면, 물자가 극도로 부족한 전쟁 기간이 아닌 다음에야 '과연 치마 길이가 물자

절약에 얼마나 기여할까?' 하는 의심이 든다. 이런 식이라면 오히려 불황일수록 직물 회사들은 원단 재고로 물류비를 낭비하느니 되도록 옷감이 많이 드는 롱스커트를 유행으로 내세워 원단 소비를 늘리려 하기 때문에 롱스커트가 유행한다는 주장도 가능해진다. 호황이라면 같은 양의 원단으로 많은 옷을, 즉 미니스커트를 만드는 것이 나으니 호황에 도리어 미니스커트가 유행해야 할 것이다. 소비자의 입장에서도 마찬가지다. 철모르는 남편들이나 옷값에 원자재값이 관여한다고 생각할 뿐이지 원단이 적게 든다고 미니스커트가 반드시 롱스커트보다 값이 싼 것도 아니다.

불황이 아닌 호황일수록 미니스커트가 유행한다는 주장은 소비자의 심리적인 측면으로도 설명할 수 있다. 호황이 거듭되면 아무래도 밝은 사회적 분위기에 걸맞게 스커트의 길이가 짧아질 가능성이 크다. 밝은 색상에 발랄한 패션이 유행하면 자연스럽게 미니스커트의 매출 증가로 연결된다. 반면 불경기에는 우울한 사회 분위기 탓에 무겁고 점잖은 옷차림이 선호된다. 치마 길이뿐만 아니라 일반적으로 패션은 경제 상황을 많이 반영한다. 여성들의 의상이 눈에 띄게 화려하거나 실험적인 성향을 띤다면 그 사회가 설령 경제적으로는 그다지 낙관적인 상황이 아니더라도 개방적이고 진취적인 분위기를 띠고 있다고 짐작할 수 있다.

역사적으로 살펴볼 때 미니스커트의 유행과 불황기는 실제로 일치할까? 불황일수록 치마 길이가 짧아진다는 속설을 믿는 이들에

《털 없는 원숭이》라는 책을 쓴 동물행동학자 네스먼드 모리스Desmond Morris 교수는 야생 동물들이 먹이가 충분할 때 털갈이를 하는 것처럼 사람들도 경제적으로 여유로울 때 노출 부위를 늘리고 싶어 한다고 주장했다. 광고주들은 이런 심리를 이용하여 호황일수록 짧은 치마를 비롯해 과다 노출된 여성들을 더 자주 광고에 등장시킨다고 한다. 그래서 오히려 호황에도 미니스커트가 유행한다는 것이다.

게는 매우 뜻밖의 사실이겠지만 미니스커트가 전 세계적으로 유행하기 시작한 1960년대 후반의 세계경제는 비록 그 이전의 10년보다는 부진했지만 여전히 호경기를 유지하고 있던 시절이었다. 1970년대에 들어서는 미국의 경제학자 마브리Mabry가 뉴욕 증시와 치마 길이의 관계에 대한 연구에서 속설과는 반대로 여성의 치마 길이는 호황일수록 짧아진다는 '치마 길이 이론Skirt-Length Theory'을 주장했다. 지금도 미국의 증권 투자가들에게는 '롱스커트=약세장, 미니스커트=강세장'이라는 이론이 일반적으로 받아들여지고 있다.

우리가 알고 있던 속설과는 반대되는 이론이 처음 나타난 것은 실은 이보다 훨씬 이전의 일이다. 컬럼비아 대학의 폴 니스트롬Paul H. Nystrom 교수는 1920년대에 이미 《패션 경제학 Economics of Fashion》에서 이러한 주장을 펼쳤다. 그에 의하면 1919년 미국 여성들의 평균 치마 길이(땅 기준)는 키의 10퍼센트 수준이었으나 미국 경제가 제1차 세계대전 이후 강한 회복세를 보인 1920년에는 20퍼센트까지 높아졌다가, 미국 경제가 침체를 보인 1921년에는 다시 10퍼센트 수준까지 낮아졌고 미국 증시가 호황에 접어든 1924~1927년에는 25퍼센트까지 길어졌다는 것이다. 여기에서 여성 신장의 25퍼센트 수준이라는 것은 거의 무릎까지 올라오는 정도다. 자본주의의 역사에서 가장 큰 불황의 시기는 1929년 대공황을 겪을 때이다. 전설적인 희극배우 찰리 채플린이 주연한 영화

〈모던 타임스Modern Times〉의 배경이 바로 이 시기이다. 그런데 대공황 이전에 거의 무릎까지 올라갔던 미국 여성들의 치마 길이는 막상 대공황 때에는 발등을 덮을 만큼 내려갔다. 이 불황은 1940년대까지 지속됐고, 여성들의 치마 길이 역시 여전히 긴 상태를 유지했다.

우리나라에도 최근의 경제 위기와 맞물려 미니스커트가 유행했으나 1997년의 외환위기를 전후해서는 그다지 유행하지 않았다고 한다. 우리나라의 미니스커트 유행은 1995년을 정점으로 치솟았다가 1996년부터 조금씩 하락하기 시작했고, 2000년대 들어 다시 회복되는 추세이다. 따라서 한국 경제가 가장 불황이었던 1997년에는 미니스커트가 거의 유행하지 않았다는 이야기가 된다. 그렇다면 속설과는 반대로 호황일수록 미니스커트가 유행하는 것일까? 이 역시 꼭 그렇지만도 않다. 제2차 세계대전 이후 최대의 경제 위기였던 석유파동 시기에도 미니스커트가 유행한 것이다. 물론 이때 미니스커트가 유행한 것은 불황기 때문이리기보다 1960년내의 유행이 계속된 것이므로 불황과 관계가 있다고 말하기는 다소 어려운 감이 있다.

한편 불황에 미니스커트가 유행한다는 이야기를 미니스커트가 어느 정도 유행하면 불황이 끝나고 경기가 회복된다는 의미로 해석하는 이들도 있다. '미니스커트=불황의 정점'이므로 불황일수록 미니스커트가 유행한다는 말도 옳고 미니스커트가 유행하면 주가가 상승한다는 말도 옳다는 것이다. 그렇다면 최근 우리나라에서 유행하는 초미니스커트 열풍은 이제 경제 위기가 끝나고 곧 경기가 회복될 것이라는 희망적 조짐으로 해석할 수 있을까?

요컨대 이런저런 자료를 모두 고려해서 판단해 보면 미니스커트의 유행과 경기는 그다지 관계가 없다는 것이 올바른 결론이다. 일부에서는 최근의 미니스커트 유행을 유행의 주기週期와 결부시키기도 한다. 다른 패션 유행과 마찬가지로 미니스커트의 유행도 일정한 주기를 가지고 반복되는 경향이 있다는 것이다. 미니스커트의 경우에는 그 주기가 약 20년 정도인데, 우연히 그 주기가 호경기와 만나기도 하고 불경기와 만나기도 한다고 말한다. 패션 업체들은 비슷하면서도 약간의 변화를 준 스타일로 유행을 반복하는 판매 전략을 추구하기 때문에, 미니스커트가 20년 주기로 유행한다고 한다. 흔히 미니스커트라고 하면 같은 디자인을 생각하지만 그 세부적인 것은 시대마다 조금씩 다르다는 것이다.

다른 이들은 최근의 미니스커트 유행이 경기에 좌우된다기보다 미니스커트 자체가 가진 특징과 장점 때문이라고 설명하기도 한다. 미니스커트는 편리하면서도 관능적 느낌을 주는 이중성을 가지고 있다. 티셔츠와 운동화를 함께 착용함으로써 캐주얼처럼 입을 수도 있고, 재킷과 하이힐을 코디해 정장으로도 입을 수 있다. 요즘 유행하는 레깅스와도 어울려 겨울에는 긴 코트나 부츠와도 입을 수 있는 것이 바로 미니스커트다. 또 최근 미니스커트가 유행하는 것은

가수 윤복희의 첫 번째 앨범. 나는 불황일수록 미니스커트가 유행한
다는 주장보다는 호황일수록 미니스커트가 유행한다는 주장에 조금
더 동의하는 편이다. 호경기일수록 기업을 비롯해 사회 각 분야에서
인적 수요가 늘어나고 여성들의 사회 진출이 확대된다. 여성들의 더
많은 사회 진출은 나아가 젊은 세대들의 사회적 발언권을 커지게 하
고 적극적인 자기표현을 하게 만든다. 반대로 경기가 나쁘고 사회 분
위기가 보수적일 때는 여성들의 발언권이 줄어들어 미니스커트와 같
이 보수 계층의 비난을 받기 쉬운 의상을 선택하기 어려워진다. 물론
이는 꼭 미니스커트에만 해당되는 이야기는 아니다.

여성들의 몸매가 이른바 'S라인화' 했기 때문이라고도 한다. S라인 몸매를 가장 돋보이게 하는 것이 미니스커트라는 것이다. 자연히 과거처럼 노출을 꺼리지 않는 요즘 여성들의 태도도 미니스커트가 유행하는 한 이유이다.

그런데 미니스커트의 유행이 호황기나 불황기 모두에 상관있다면, 사람들은 왜 호황보다 불황일수록 미니스커트가 유행한다는 속설에 더 끌리는 것일까? 그 이유는 호황일 경우 미니스커트가 유행하든 말든 아무도 그런 속설에 관심을 안 가지다가 불경기일수록 이런저런 속설에 관심을 가지기 때문이다.

일본 여학생들의 치마 길이가 세계에서 가장 짧다는 사실은 익히 유명하다. 그렇다면 일본 여학생들의 치마 길이는 왜 그렇게 짧은 것일까? 미안하지만 아무런 이유도 없다. 여기에 일본인들의 특수한 성性 문화나 관념이 배어 있을 것이라고 믿는 것은 일본인들에게 한국인들이 가지는 편견의 발로일 뿐이다. 막상 일본에 가 보면 여학생들 자신은 물론 지나가는 사람들 누구도 그들의 치마 길이에 신경 쓰지 않는다. 힐끗힐끗 여학생들의 다리를 쳐다보는 것은 일본인들이 아니라 한국 관광객들이다. 그러고 보니 요즘엔 우리나라 여학생들의 치마 길이도 한참 짧아졌다고 한다. 거기에는 무슨 이유가 있을까? 다른 이유가 있을 리 없다. 그저 우리 여학생들의 자기표현이 유신이나 5공화국 때보다 더 적극적이 되었을 뿐이다.

2

지갑이 얇아져도
립스틱은 지른다

미니스커트 효과와 비슷한 속설은 많다. 17세기 영국의 정치가인 리처드 스틸Richard Steele은 "주가는 여성들의 머리 장식 높이에 따라 오르기도 하고 내리기도 한다."는 명언을 남겼다. 요즘에는 가끔 영화나 드라마에서 볼 수 있는 당시 여성들의 머리 장식이 매우 화려했고 크기에 따라 엄청나게 비쌌기 때문에 나온 말이다.

1690년대 초반 주식시장의 거품은 당시 여성들의 머리 장식 높이와 궤를 같이했다고 한다. 당시 여성들은 과시욕 때문에 경쟁적으로 머리 장식을 높였는데, 주가가 최고점에 도달했다가 무너지기 시작한 1695년에는 그 높이가 무려 2미터에 달했다고 한다. 그러나 정확하게 말하자면 여성들의 머리 장식 높이에 따라 주가가 오르내리는 것이 아니라 주가가 오르니까, 즉 경기가 좋아지니까 여성들의 머리 장식도 더 높아지고 더 화려해진 것이라고 해야 옳을 것이다.

머리 장식과 관련한 이야기에 더불어 미니스커트 효과와 유사한 속설 가운데 가장 대표적인 것이 '립스틱 효과lipstick effect'이다. 경기가 어려울수록 여성들이 립스틱을 많이 구매하고, 특히 붉은색이나 분홍색과 같이 화려한 색상의 립스틱을 선호한다는 것이다. 립스틱 효과는 불황기에 여성들이 화사한 색상과 튀는 디자인을 선호하고 한 벌로도 눈에 띌 수 있는 미니스커트를 선택하는 것처럼, 소득이 줄어든 여성들이 불황일수록 고가의 의류나 액세서리를 사는 대신에 한 가지 품목으로도 쉽게 다른 사람들의 이목을 끌 수 있는 저가의 화려한 립스틱을 선호한다는 것을 의미한다. 여성들에게 쇼핑이 가지는 의미는 특별하다. 쇼핑은 자기표현의 수단임과 동시에 자기만족을 느끼는 취미 활동이다. 그러나 불황에는 선뜻 지갑 열기가 쉽지 않다. 이럴 때 립스틱이야말로 저렴한 가격에 쇼핑하는 사치를 즐길 수 있는 가장 좋은 수단이라는 것이다.

세계적 화장품 회사인 에스티 로더는 립스틱 판매량과 경기 상황의 상관관계를 보여 주는 '립스틱 지수'를 발표했다. 미국 내 고급 화장품 시장 매출의 절반 가량을 차지하는 자사의 화장품 브랜드를 대상으로 조사한 결과, 립스틱과 경기 상황이 상당히 높은 연관성을 보였다는 것이다. 실제로 2001년 9·11 테러 직후 찾아온 불황기에 립스틱 판매량은 큰 폭으로 상승했다. 또한 이전까지 주류를 이루던 자연색 대신, 화사하고 강렬한 붉은색과 와인색 립스틱이 인기를 끌었다고 한다. 불황에는 립스틱이 잘 팔린다는 속설은 이때부터 나오기 시작했다.

그런데 이야기하는 사람에 따라 '립스틱 효과'의 의미는 조금씩 다르게 사용된다. 첫째는 말 그대로 립스틱이 많이 팔린다는 의미다. 특히 불황일수록 붉은색이나 분홍색처럼 화려한 색상의 립스틱이 잘 팔리는데 그 이유는 바로 앞에서 설명한 것과 같다. 우리나라의 경우, 롯데백화점의 조사에 따르면 2008년 하반기의 립스틱 매출은 전년과 비교해 20~30퍼센트 증가했다고 한다. 화장품 업체들이 립스틱 판매에 특별한 관심을 가지면서 광고도 많이 하는 이유는 립스틱 판매가 화장품 전체 판매량을 가늠할 수 있는 유일한 품목이며, 대부분의 구매자들이 립스틱을 구매하면서 관련 화장품을 동시에 구입하는 경향이 많기 때문이다.

둘째는 불황일수록 립스틱뿐 아니라 화장품 종류가 모두 잘 팔린다는 의미로 사용된다. GS홈쇼핑, CJ오쇼핑, 현대홈쇼핑, 롯데홈쇼핑의 4대 홈쇼핑 업체가 2009년 상반기 10대 히트 상품을 발표한 결과에 따르면, 예전 히트 상품에 꾸준히 선정됐던 의류 상품들이 거의 자취를 감춘 반면 화장품은 홈쇼핑 4개사의 10대 히트 상품 목록에 12개 품목이 이름을 올렸다고 한다. GS홈쇼핑의 경우 판매량 상위 10위권의 제품 가운데 5개가 여성 화장품이었는데, 색조 화장품 세트인 '조성아 루나'는 모두 140만 개가 팔려 2년 연속 홈쇼핑 판매 선제 1위를 기록했다고 한다.

현대홈쇼핑은 판매량 상위 제품 10개 중 3개가 화장품이라고 밝혔으며, CJ오쇼핑도 2년 연속 2위권 내에 진입한 두리화장품의 '댕기머리' 샴푸 등 2개가, 롯데홈쇼핑에서는 6개 품목이 모두 화장품 종류로 상위 10위 안에 올랐다. 홈쇼핑에서 '조성아 루나'의 인기가 얼마인가 하면, 시청률 40퍼센트를 가뿐히 넘긴 2009년 최고 인기 드라마 〈선덕여왕〉과 같은 시간대에 편성됐는데도 한 시간 동안

4,500세트, 금액으로는 4억 5,000만 원이 넘는 매출을 기록했다고 하니 이쯤 되면 가히 '국민 브랜드'라 불려도 손색이 없을 정도다.

셋째, '립스틱 효과'를 불황일수록 값싸고 실용적인 저가 제품이 많이 팔린다는 의미로 사용하기도 한다. 2009년 4대 홈쇼핑 업체의 10대 히트 상품에는 10만 원 미만의 저렴한 상품 비중이 높았다. CJ 오쇼핑과 현대홈쇼핑의 10대 히트 상품은 모두 가격이 10만 원 미만이었으며 GS홈쇼핑도 10개 중 9개 상품이 10만 원 미만의 제품이었다. 그래서 '립스틱 효과'를 흔히 '저가 제품 선호 추세'라고도 한다. 불황일수록 '천원숍'과 같은 저가 매장이 오히려 호황을 누리는 것이나 리폼Reform, 리사이클링Recycling, 리필Refill과 같은 '3R 산업' 이 잘되는 것과 같은 이유이다.

엄밀히 말하면 불황일수록 립스틱이 많이 팔린다는 것과 불황일수록 천원숍이나 재활용품점이 잘된다는 것은 조금 다른 차원으로 이해해야 옳다. 불황에 특히 화려한 색상의 립스틱을 선호한다는 것은 단순히 지출을 줄인다는 의미를 넘어 지출은 줄이더라도 품위와 자신감은 잃지 않겠다는 의미가 담겨 있기 때문이다. 화려한 의상은 구입하지 못하더라도 남들에게 자신감 있는 모습으로 보이고자 하는 욕구가 붉은빛 립스틱을 선호하게 만드는 것이다. 경기가 어려울 때 몇십만 원짜리 비싼 옷이나 명품 가방은 선뜻 살 수 없지만, 1~2만 원 대의 립스틱은 가능하다. 뿐만 아니라 립스틱은 다른 화장품보다도 분위기를 바꿔주고 눈에 띄는 효과가 있으니 가장 대

차나 음료를 마시다 보면 입술 자국이 묻게 마련이다. 그런데 더러는 그 자국이 마치 고개를 숙일 때 살짝 드러나는 여인의 가슴골처럼 의도하지 않은 노출을 보는 듯해서 화들짝 놀라고 부끄러워질 때가 있다. 노벨문학상을 받은 일본 작가 가와바다 야스나리川端康成의 소설 《천우학千羽鶴》의 주인공은 양가집 아가씨와 선을 보게 된다. 그러나 어릴 때 우연히 목격한 부친의 외도에 대한 기억 때문에 여성에 대한 죄책감에 시달리던 탓에 주인공은 우유부단한 태도를 보이고, 이에 실망한 아가씨는 함께 차를 마시다 문득 찻잔을 들어 "입술 자국이 묻었는데 아무리 씻어도 지워지지 않는다."며 비싼 찻잔을 정원의 댓돌에 던져 깨버린다. 아가씨가 깬 것은 과연 찻잔에 묻은 입술 자국이었을까, 아니면 안타까운 여인의 마음이었을까?

표적인 저 비용 고 만족 상품인 셈이다.

불황기에 남성 정장이 적게 팔리는 대신 화려한 색상의 넥타이가 많이 팔린다거나, 불황일수록 고급 브래지어나 스카프가 많이 팔린다는 속설, 불황일수록 금이나 고급 보석류보다 은 세공품과 같은 저가 품목이 잘 팔린다는 속설도 립스틱 효과와 유사하다.

아무튼 립스틱 판매량에 관한 자료만 보면 불황일수록 립스틱이 잘 팔린다는 속설은 그대로 들어맞는 것처럼 보인다. 최근의 우리 경제가 매우 심한 불황임에도 립스틱 판매는 늘어나고 있기 때문이다. 그러나 그 속을 자세히 들여다보면 반드시 그렇지만도 않다. 관련 업체에서 일하는 영업 담당자들의 이야기를 들어 보면 립스틱은 불황일수록 더 잘 팔리는 것이 아니라 불황이든 아니든 꾸준히 판매량이 증가하고 있다고 한다. 특히 화려한 색상의 립스틱은 최근의 유행이기 때문에 더욱 잘 팔린다는 것이다.

미니스커트의 유행이 경기 상황과 상관없이 여성들의 자기표현이 적극적으로 변하면서 디자인이 더욱 대담해지고 길이가 짧아지는 것처럼, 립스틱 색상이 화려해지는 것도 최근의 유행 추세일 뿐이라는 것이다. 가령 화장품 가운데서도 비교적 고가의 상품에 속하는 에스티 로더의 경우, 립스틱은 매년 두 자리 숫자의 판매량을 기록하며 성장을 거듭하고 있다. 불황일수록 저가의 제품을 선호한다는 '립스틱 효과'와 정반대의 현상인 것이다. 남자들은 잘 이해하지 못하지만 아무리 불경기라도 여성들은 화장품의 가격에 그다지 민감하게 반응하지 않는다는 사실도 '립스틱 효과'를 부인할 수 있는 이유이다.

　이러한 사실은 최근 불황임에도 립스틱뿐 아니라 대부분의 화장품들이 더 잘 팔리는 것만 보아도 알 수 있다. 이처럼 립스틱만이 아니라 대부분의 화장품 판매량이 꾸준히 늘고 있어서인지 최근 들어 화장품 업계에서는 '립스틱 효과'보다 '파운데이션 효과'라는 말을 자주 쓴다. 파운데이션foundation은 여성 메이크업 화장품의 일종으로 '기초, 토대'라는 뜻을 가지고 있으며 화장할 때 기초 화장품 다음에 사용해 피부색을 균일하게 만들어서 다음 화장이 잘 배이도록 깨끗하고 밝은 피부로 만들어 주는 제품이다. 불황에 파운데이션이 잘 팔린다는 '파운데이션 효과'는 기존의 '립스틱 효과'를 대체하는 속설로써 불경기에도 여성들의 파운데이션 소비는 다른 제품들에 비해 경기의 영향을 덜 받으며 나아가 수요가 증가한다는 속설이다.

　립스틱 효과를 대신해서 파운데이션 효과가 나타나게 된 이유는 무엇일까? 무엇보다 여성늘의 화장 행태가 변했기 때분이다. 과거에는 립스틱을 사용해서 입술을 강조한 메이크업이 유행이었다면 최근에는 동안 메이크업, 도자기 피부 메이크업 등 깨끗한 피부를 강조하는 화장법이 추세이다. 그런데 연예인이나 부유층이 피부 관리 수단으로 애호하는 에스테틱aesthetic은 비용이 많이 들고 전용 화장품도 상당히 고가이므로 소비자들은 저렴한 가격에도 효과적인 파운데이션 제품을 선호하게 되고, 이런 심리가 파운데이션의 매출에 영향을 미치는 것이다.

물론 여성들이 파운데이션을 구매하는 가장 큰 이유는 경기 상황에 관련되기보다는 그것이 피부를 하얗게 보이게 하기 때문일 것이다. 역사적으로도 하얀 피부에 대한 선호도는 동서양을 막론하고 오래 전부터 매우 높았다. 우리나라를 포함한 동북아 지역의 원시 부족들이 겨울에 돼지기름을 바른 것도 동상을 예방하는 등 피부 보호를 위한 것이었다. 일부에서는 곰이 쑥과 마늘을 먹고 사람이 되었다는 '웅녀 설화'를 하얀 피부로 변신하기 위한 주술적 행위로 해석하기도 한다. 쑥과 마늘이 미백 효과가 우수하기 때문이다.

지역을 막론하고 고대 신화에서는 대체로 신이 흰 얼굴로 나타나는 경우가 많다. 이는 원시인들이 흰색을 태양이나 빛과 동일시하여 숭배했기 때문일 것이다. 하늘에 제사지내는 원시 제의에서 제사장이나 무녀들이 흰 분칠을 하는 것도 그들이 신과 인간의 가교 역할을 했기 때문이다. 원시 제의의 그러한 흔적은 지금도 일본의 가부키歌舞技와 같은 전통 연희에서 찾아볼 수 있다.

그렇다면 인류는 과연 언제부터 화장을 시작했을까? 화장의 기원에는 매우 다양한 설들이 있어서 한 가지로 말하기는 어렵다. 잘 알려진 것만 해도 아름다워지고 싶은 본능에서 오는 미화설, 이성에게 자신의 육체적 매력을 발산하여 종족 보존의 본능을 충족시키고자 한 유혹설, 종족이나 신분을 구별하기 위해서라는 표시설, 자연의 위험이나 악령과 같이 알 수 없는 주술적 힘으로부터 자신을

붉게 칠한 볼과 짙은 눈 화장을 한 네페르타리 여왕의 초상. 화장
의 흔적은 이 그림뿐 아니라 전해지는 이집트의 많은 벽화들에서
쉽게 발견된다. 화장의 역사가 인류의 역사와 함께 시작되었음을
보여 주는 증거이다.

지키려는 보호설, 신에게 제사를 드릴 때 온몸에 향료를 바르는 데서 시작됐다는 종교설, 자신의 용맹이나 남다른 장점을 드러내려고 했다는 장식설 등이 있다.

한편 지금까지 알려진 가장 오래된 화장품은 약 7000년 전 이집트 제1왕조의 묘에서 발견된 것으로, 동물의 지방 성분에 향료를 넣어 만들었다고 한다. 이집트의 화장품은 주로 종교의식에 사용되었으나 점차 신체 보호나 장식을 위한 용도로 발전한 것으로 보인다. 그런데 인류 최초의 화장품을 밝히자면 시간을 더 거슬러 올라가야 할지도 모르겠다.

영국의 BBC 방송에 방영된 브리스톨 대학의 한 연구팀이 스페인 남부의 유적지 두 곳에서 발견한 물감 찌꺼기를 네안데르탈인들의 화장품이라고 발표했다. 이 연구가 사실이라면 고고학적으로 남아 있는 최초의 화장품은 멀게는 지금으로부터 20만 년 전, 최소한으로 계산하더라도 3만 년 전에 이미 나타났다는 의미이다.

오늘날 화장품이라는 의미로 사용하는 용어 '코스메틱cosmetic'은 '정리해 감싸다'라는 뜻의 그리스어 '코스메티코스cosmeticos'에서 유래됐다. 평소 하얀 피부를 매우 선호했던 그리스 여인들은 흰 피부를 위해 백납 성분의 안료를 사용했고, 다홍색 안료를 입술에 사용하는 등 다양하고 발전된 형태의 화장품과 화장법을 애용했다고 한다. 이것을 파운데이션과 립스틱의 기원으로 볼 수도 있을 것이다. 근대 이전까지 파운데이션의 주원료는 수은과 백납 등 피부에

〈뉴욕타임스〉에 실린 라듐 화장품의 광고. 지금이야 라듐을 발견한 퀴리부인이 방사능 오염으로 사망했다는 사실이 널리 알려져 있지만, 당시에는 아직 방사능의 유해성에 대한 인식이 없던 때라 많은 사람들이 그것을 만병통치약이나 '연금술사의 돌' 쯤으로 생각했다. 하지만 라듐의 치명적인 위험도 하얀 피부를 향한 여성들의 욕구를 막을 수는 없었다. 이것을 화장의 기원이 아름다워지고 싶은 본능에서 유래했다는 미화설의 증거로 볼 수 있을까?

치명적인 독을 가진 물질들이 대부분이었다. 실제로 19세기 사교계의 유명한 여성들 가운데는 납중독으로 사망한 예가 적지 않다.

납중독은 비단 화장품의 문제만이 아니다. 악성 베토벤이 사망한 이유도 납중독이라는 설이 있다. 당시의 관악기들에는 납 성분이 많이 들어 있었기 때문이다. 심지어는 로마 제국의 멸망이 납중독 때문이라는 주장도 있다. 납은 여성들의 화장품은 물론 로마인들이 사용하던 술잔이나 접시를 만드는 데에도 사용되었다. 무엇보다도 로마인들이 목욕을 즐긴 것은 잘 알려진 사실인데, 목욕탕의 수도관들은 대부분 납으로 만들어졌다. 그래서 로마인들이 납중독으로 쓰러져 갔다는 것이다.

아무튼 굳이 '립스틱 효과'를 따로 거론하지 않더라도, 모든 화장품 가운데 립스틱이 특별한 존재라는 것은 부인하기 어렵다. 립스틱만큼 다른 사람들의 눈길을 끄는 화장품은 없기 때문이다. 그래서 한때 영국 정부는 립스틱 생산을 금지시킨 적도 있다고 한다. 최초의 립스틱—물론 그 당시에는 스틱stick 형태가 아니었지만 그냥 립스틱으로 부르기로 하자—은 이라크의 우르라는 곳에서 발견되었는데 약 5000년 전 수메르인들이 사용한 것으로 추정된다. 수메르인은 인류 최초의 문명을 건설한 사람들이니 립스틱의 역사가 인류의 역사와 함께 발전했다고 해도 틀리지 않는 셈이다.

고대 이집트인들은 지금도 피라미드의 벽화에서 볼 수 있듯이 눈 화장을 중시했다. 오늘날 우리가 알고 있는 립스틱 기술을 확립한 것 역시 이집트인들이었다. 이집트인들이 가장 선호했던 립스틱 색 깔은 짙은 남색이었고, 그 다음은 오렌지색과 진한 빨간색이었다. 특이한 사실은 고대 이집트에서는 상류층 남자들도 입술을 칠했다는 것이다.

그리스 여성들도 립스틱을 즐겨 발랐는데 그들은 주로 붉은색 물감에 포도주를 조합해 만든 우아한 색상의 립스틱을 발랐다. 개중에는 염소 땀, 사람의 침, 악어 배설물로 만든 립스틱도 있었다. 그렇다고 굳이 깜짝 놀란 척할 필요는 없다. 요즘 립스틱의 원료 가운데 하나가 지렁이라는 사실은 이미 누구나 알고 있지 않은가? 립스틱의 인기는 그리스를 거쳐 로마까지 확산되었다. 로마를 불태운 것으로 유명한 폭군 네로 황제의 왕비 포페아**Poppaea Sabina**는 화장하는 동안 시중드는 시녀만 100명을 넘게 거느리고, 하루 종일 입술을 칠하고 지우는 의식을 반복했다고 한다. 이 때문에 립스틱에 쓰이는 자줏빛 물감이 가게에서 동날 지경이었다.

중세에 들어오면서 교회와 신앙을 중시하는 태도의 영향으로 여성들의 자기표현이나 육체를 강조하는 모든 행위가 죄악시되었다. 화장은 신이 주신 얼굴을 가면으로 감추는 행동이므로 곧 신에 대한 모독으로 받아들여졌고, 화장한 여자는 성욕에 굶주려 악마의 유혹에 빠진 죄인으로 비난받았다. 성직자들은 입술을 붉게 칠한 여인이 심판의 날에 하나님을 올려다보면 하나님은 그 여인이 누군지를 알아보지 못하고 지옥으로 보내 버린다고까지 설교했다. 한

마디로 중세 시대에는 립스틱이 악마 취급을 받았던 것이다. 그러나 교회도 아름다움을 향한 여성들의 열정을 완전히 뿌리 뽑지는 못했다. 중세의 여성들은 다른 사람들의 눈에 두드러지게 나타나지 않는 범위 내에서 피부에 밀가루를 문지른다든지 당나귀 젖으로 목욕한다든지 하는 방법으로 아름다움을 추구했다.

특히 11세기 말에서 13세기까지 진행된 십자군 전쟁 이후 동양에서 들어온 신기한 화장 재료들과 회교도의 화장 풍습은 화장에 대한 관심을 다시 불러 일으켰다. 당시에는 염소 기름에 빨간 식물 뿌리를 으깨어 립스틱을 만들었다고 한다. 그러나 립스틱의 용도는 입술을 돋보이게 한다기보다 피부를 좀 더 하얗게 보이도록 하기 위한 것이었다. 파운데이션이 립스틱을 이긴 최초의 사례였던 것이다. 심지어 어떤 여성들은 피부를 더 하얗게 보이려고 자신의 피를 일부러 뽑기도 했다. 화장에 대한 인식의 변화는 르네상스 시대에 와서 조금씩 나타나기 시작했다. 르네상스는 중세의 획일적이고 억압적인 질서에 반대하면서 자유롭고 개방적인 인간 정신을 추구하는 새로운 사상이자 문예 운동이었다. 르네상스 시대에는 다양한 분야에서 인간에 대한 탐구가 활발하게 진행됐고, 이에 따라 인간의 육체가 가진 아름다움을 찬양하는 새로운 사조가 나타났다. 르네상스 시대를 대표하는 예술가 미켈란젤로의 유명한 조각 〈다비드〉는 바로 그러한 경향을 가장 잘 보여 주는 예술 작품이다. 육체의 아름다움이 찬사받게 되자 사람들은 자연히 화장에 대해서도 개방적이고 적극적인 태도를 가지게 되었고, 상류 계층에서는 남녀를 불문하고 화려한 의상과 화장이 유행했다. 이 시대의 화장법에서도 가장 중요한 것은 당연히 흰 피부와 붉은 입술이었다.

서양의 역사에서 화장술과 화장품의 황금시대는 아마 영국의 절대주의의 전성기를 이끈 처녀 여왕 엘리자베스 1세(1533~1603)가 재위했던 때일 것이다. 엘리자베스 1세는 여섯 번의 결혼으로 유명한 헨리 8세와 마녀로 몰려 처형당한 비운의 왕비 앤 불린Anne Boleyn 사이에서 태어났다. 여왕의 통치기에 영국은 에스파냐의 무적함대를 물리치고 강대국의 반열에 올랐을 뿐 아니라 셰익스피어를 비롯한 숱한 시인과 예술가들이 나타나 영국 문화의 토대를 세웠다. 한마디로 국력과 문화의 양면에서 영국의 전성기를 건설한 군주가 바로 엘리자베스 여왕이었던 것이다.

특히 여왕은 평생 결혼하지 않은 처녀 군주―물론 애인은 있었다―로서, "짐은 영국과 결혼했다."는 유명한 말을 남기기도 했다. 그런데 우리가 흔히 가지고 있는 여왕의 당당하고 자신감 있는 이미지와는 다르게 그녀는 정작 자신의 외모에 대해 큰 콤플렉스를 가지고 있었던 것 같다. 목격자들의 기록에 따르면, 막 세상을 떠난 여왕의 입술에는 1센티미터가 넘는 두께의 립스틱이 발려 있었다고 한다. 여왕이 화장에 집착한 이유가 단순히 나이가 들고 얼굴에 주름이 지는 사실을 숨기고 싶어서였는지, 아니면 자신의 손에 사형당한 사촌 동생 스코틀랜드 메리 여왕이 가졌던 미모와 젊음에 대한 부러움 때문이었는지는 모르겠다.

여왕은 화장뿐 아니라 화려한 의상과 장신구, 가발 따위로 외모를 치장하는 데 매우 열중했다고 한다. 특히 여왕은 머리숱이 듬성한 편이라서 수백 개의 가발로 그것을 감추고 다녔다고 한다. 여왕은 거의 집착에 가까울 만큼 화장을 애호했고, 사람들은 너나 할 것 없이 여왕의 얼굴을 모방하려고 했다. 창백한 피부가 여전히 인기를 끌었으며 입술과 눈, 뺨에는 좀 더 생동감 있는 색을 칠하는 것이 새로운 유행으로 떠올랐다. 화장에 대한 열정은 여성들에게만 그친 것이 아니라 남성들에게도 똑같이 퍼졌다. 사회적 지위가 높은 남성일수록 더욱 짙은 립스틱을 발랐다. 이러한 유행은 영국에서만이 아니라 유럽 대륙 전체로 확산되어 갔다.

영국의 역사에서 빼놓을 수 없는 업적을 남긴 또 한 사람의 여왕이면서 엘리자베스 시대와 많이 비교되는 것이 빅토리아 여왕(1837~1901) 시대이다. 빅토리아 여왕은 화장에 대해 엘리자베스 여왕과는 정반대의 생각을 가지고 있었다. 빅토리아 시대에는 매우 근엄하고 도덕적인 기풍을 만들고자 했다. 오늘날 흔히 영국인의 국민성으로 인정받는 예의, 절도, 근검 등의 미덕이 영국 사회에 확립된 것도 바로 빅토리아 시대의 일이다.

여왕은 특히 화장은 무례한 것이라고 선언할 정도로 화장을 혐오했다. 이 시대에 화장은 신사는 물론 고귀한 신분의 숙녀들도 결코 해서는 안 될 행위로 낙인찍혔다. 공공연히 화장을 한 얼굴로 공중 앞에

사라 베르나르는 연극 〈햄릿〉에서 남장을 하고 햄릿 역을 맡은 것으로도 유명하다. 립스틱을 바른 여자의 남자 역할에 대한 대중의 항의와 소란은 당시 사람들이 가졌던 립스틱과 부도덕의 뗄 수 없는 관계를 상징적으로 보여 준다.

나서는 것은 매춘부 아니면 여배우들뿐이었다. 당시의 가장 유명한 여배우였던 사라 베르나르_{Sarah Bernhardt}가 립스틱을 바른 채 대중 앞에 나타난 것만으로도 그녀는 엄청난 스캔들의 주인공이 되었다.

20세기 들어와 립스틱이 상상을 넘는 선풍적인 인기를 끌게 된 것은 바로 제1차 세계대전 때문이었다. 남성들이 전쟁에 참전한 동안 그때까지 가정과 집안일밖에 몰랐던 여성들이 대거 직장으로 진출하게 됐고, 새로운 사회 계층으로 부상한 직장 여성들은 적은 비용으로 손쉽게 자신을 표현하고 싶어 했다. 립스틱은 이러한 시대적 변화를 가장 잘 보여 주는 아이콘으로 떠올랐고, 이러한 흐름을 포착한 여성 운동가들은 뉴욕에서 열린 여성 참정권 집회에서 입술에 립스틱을 바르고 가두 행진을 벌임으로써 립스틱을 여성 해방의 상징으로 부각시켰다. 립스틱의 인기는 유럽에서도 마찬가지였다. 급기야 영국 정부가 립스틱 생산을 금지시킬 정도였다. 하지만 립스틱을 금지시킨다고 자유를 향한 여성들의 욕구마저도 금지 당했을까?

그렇다면 우리나라 사람들은 언제부터 화장을 시작했을까? 우리 조상들의 화장의 역사도 서양에 못지않게 오래됐다. 읍루인들이 돼지기름을 몸에 두텁게 발라 피부를 보호하고 추위를 막았다거나, 말갈인들이 살갗을 하얗게 하려고 오줌으로 세수를 했다는 기록을 보면 이미 상고시대부터 우리 조상들은 화장을 하고 있었음을 알 수 있다. 마한과 변한에서는 문신이 널리 행해졌다는 기록도 있다.

삼국시대에 들어와서는 고구려의 쌍영총 벽화나 수산리 벽화고

분 등에서 남녀가 입술과 뺨을 연지로 붉게 화장하고 있는 것을 볼 수 있다. 또 백제에서는 '시분무주施粉無朱', 즉 분은 바르되 연지를 바르지 않는 화장법을 즐겼다는 중국의 기록이나 백제인들이 화장품 제조 기술과 화장 기술을 일본에 전해 주었다는 일본의 기록 등을 보면 백제의 화장 수준이 매우 높았던 것으로 짐작된다. 신라에서도 김유신의 동생 문희가 엷은 화장을 하고 있었다는《삼국사기》의 기록이 있다. 특히 신라에서는 여자들뿐 아니라 남성인 화랑들도 화장을 했다고 기록되어 있다. 아마 MBC 드라마 〈선덕여왕〉에서 보신 분들도 많을 것이다.

우리 조상들의 화장 문화는 고려와 조선 시대를 거치면서 더욱 발전했다. 그렇다면 우리나라 최초의 근대적 화장품은 무엇일까? 근대적 상품으로 화장품을 처음 선보인 것은 우리나라 최초의 기업이자 오늘날 두산 그룹의 모태인 '박승직상점'이 판매한 '박가분朴家粉'이다. 박승직의 부인 정정숙은 우연히 한 노파가 백분을 직접 만들어 포장해 파는 모습을 보고 부업으로 삼으면 괜찮겠다고 생각하여 10여 명의 아낙네를 모아 백분을 만들었다.

당시의 백분은 납 성분을 넣어 부착력이 좋게 한 납분鉛粉이었다. 납분은 납 조각을 식초로 처리하여 밀봉한 뒤 열을 가하여 만든다. 납 조각이 시간에 지남에 따라 점점 작아지면서 겉에 하얀 가루가 돋아나는데, 이를 납꽃이라 불렀다. 조개를 태운 흰 가루, 칡가루, 쌀가루, 보릿가루를 납꽃에 섞어 하얀 가루로 만들면 납분이 완성

된다. 화장할 때는 이것을 물을 개어 피부에 발라 피부를 희게 하는 형태였다. 당시 박가분은 매우 인기가 좋아 전국에서 방물장수들이 박승직의 집으로 모여들었고, 가내 수공업 형태로 시작한 박가분은 이내 하루 1만 갑 이상을 파는 기업체가 됐다. 가격은 1갑에 50전으로 하루 4,000원 이상의 판매고를 올렸다.

박가분이 크게 인기를 끈 이유 가운데 하나는 바로 포장 방식에 있었다고 한다. 그때까지의 백분은 얇은 골패짝 같이 두께가 약 3밀리미터, 가로 약 10밀리미터, 세로 약 14밀리미터 정도였으며, 그것을 대여섯 개씩 두 줄로 놓고 백지에 싸서 팔았다. 그러나 박가분은 두께가 약 8밀리미터로 훨씬 두꺼웠고, 상자에 담아 팔았다. 또한 상자에 인쇄한 라벨을 붙여 상품 가치를 높였다. 그러나 1930년대에 서가분徐家粉이나 장가분張家粉과 같은 유사품이 등장하고 왜분(일본제), 청분(중국제) 등 외래품까지 들어오면서 박가분의 인기도 추락했다. 더구나 납 성분이 몸에 좋지 않다는 소문이 돌면서 급기야 한 기생이 박가분을 사용하다가 얼굴을 망쳤다며 고소하는 사태까지 벌어졌다. 박승직도 화장품을 남용하여 납중독에 걸리면 피부가 괴사한다는 사실을 인정하고 일본에서 화장품 업계에 종사하던 기술자를 초빙하는 등 제작 방식을 바꿨으나 과거의 인기를 되살리지는 못했고, 1937년 이후 박가분은 시장에서 사라지고 말았다.

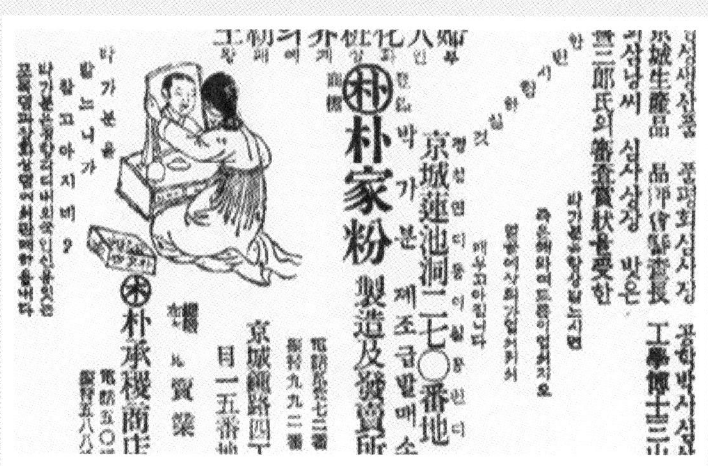

1920년대에 나온 박가분의 광고. 밥은 굶어도 아녀자들의 안방에 하나씩은 있어야 하고, 그래서 장안의 모든 남편들을 구박받게 만든 공전의 대 히트 상품이었다. 재미있는 일은 박가분의 인기가 워낙 높다 보니 이때 벌써 짝퉁이 등장했다는 사실이다. 말하자면 박가분은 우리나라 화장품의 원조이자 국산 제품 상업광고의 원조인 동시에 짝퉁의 원조를 만들어 내기도 했던 것이다. 박가분의 짝퉁들 가운데 가장 압권은 바로 '촌가분 村家粉'이었다.

3

1등만 기억하는 더러운 마케팅

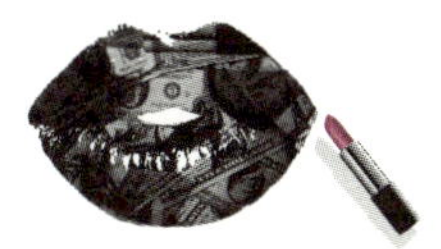

경영학에서는 "불황일수록 디마케팅demarketing 전략을 써라."는 말이 있다. '디마케팅'이란 자사 상품과 서비스에 대한 구매를 의도적으로 줄이는 기법을 의미한다. 언뜻 들으면 더 많은 구매를 유도해야 하는 마케팅의 기본 개념에 역행하는 것으로 보인다. 그러나 마케팅의 최종 목적이 판매량이 아닌 수익의 극대화에 있다는 점을 생각해 보면 디마케팅이 오히려 마케팅의 기본 원칙에 더 충실함을 알 수 있다. 경기가 어렵고 불황이 장기화되면서 기업 경영이 힘들어지기 때문에 영업 등 제반 비용을 줄이는 수밖에 없다.

디마케팅은 첫째, 자원 관리의 효율성을 높이는 데 유용하다. 경영학에서는 상품이나 서비스의 구매 실적도 그리 좋지 않으면서 자기 실속만 차리는 소비자를 '체리 피커Cherry Picker'라고 부른다. 디마케팅은 이런 고객들을 걸러내려는 일종의 '고객 필터링 프로그램 Customer Filtering Program'이라고 할 수 있다. 가령 은행과 금융기관들은 경기 전망이 불투명할수록 거래 실적이 없는 휴면계좌를 정리하고, 신용도가 낮은 고객에 대해서는 거래 및 대출 한도 등을 제한하고 있다. 수익 창출에 기여하지 못하는 고객들을 정리함으로써 경영의 효율성을 높이려는 것이다.

호황기에는 회원 수 늘리기에 주력했던 온라인 포털 업체들이 불황일수록 일정 기간 활동이 없는 휴면 아이디를 강제로 퇴출시키거나 유료화함으로써 불필요하게 투입되는 인력과 비용 부담을 줄이는 것도 디마케팅의 예이다. 시티은행의 경우에는 100만 원 미만을 예금한 고객에게는 이자를 지급하는 것이 아니라 입출금 수수료를 받고 있다. 우리나라의 모 은행에서도 10만 원 미만의 예금에 대해서 비슷한 전략을 쓴 적이 있는데, 안타깝게도 그 은행은 외국계 은행에 인수되고 말았다. 한국적 정서에는 그다지 안 맞았던 모양이다.

둘째, 흔히 명품이라 불리는 고급 제품들의 경우에 디마케팅 전략을 사용하면 브랜드 이미지를 유지하는 데 도움이 된다. 가령 가방, 의류 등의 고급 브랜드인 루이비통 파리 본점은 여행객이 제품을 구입할 경우 여권 번호를 컴퓨터에 입력해 같은 여행객이 1년 내에는 자사 제품을 다시 살 수 없도록 하는 철저한 관리 시스템을 운영하고 있다. 이 때문에 루이비통 매장 앞에는 배낭여행 온 젊은이들을 시켜 명품을 사 오게 하고 수수료를 주는 브로커들이 줄을 서 있다고 하는데, 그 대부분이 예전에는 일본인이었고 지금은 한국인이라고 한다. 앞으로는 중국인이 그 자리를 차지할 것이라고 하니 그나마 다행인 걸까, 아니면 더 불행인 걸까?

마지막으로, 시장점유율이 높은 기업들의 경우에는 독과점 규제를 피하기 위해 디마케팅 전략을 사용하기도 한다. 우리나라를 포함해 대부분의 국가에서는 독과점에 대한 규제가 엄격하다. 가령 시장점유율이 50퍼센트를 넘느냐 그렇지 않으냐에 따라 기업 활동에 대한 규제나 감독 수준이 달라진다면, 불량 고객들을 안은 채 50퍼센트를 넘기보다는 차라리 우량 고객들만 선택하여 집중하는 것이 기업에 유리할 수 있는 것이다.

이처럼 디마케팅은 한마디로 불량 고객을 잘라내는 전략이다. 그러나 디마케팅이라고 해서 무조건 줄이는 것만을 의미하지는 않는다. 거래 실적이나 자사 상품에 대한 충성도가 높은 우량 고객에 대해서는 차별화된 서비스를 제공함으로써 우수 고객을 확보하는 것도 디마케팅의 목적이다. 인터넷 기업들은 부실 회원을 정리하고 활동 없는 커뮤니티를 폐쇄함으로써 우량 고객에게 더 나은 관리 서비스를 제공할 수 있다.

금융기관들도 신용도 낮은 고객들에게는 높은 금리를 받는 대신 신용도가 높고 거래 실적이 많은 고객에 대해서는 금리를 낮추고 개인 금융 서비스를 제공할 수 있다. 신용카드 회사나 백화점들이 거래 실직에 따라 회원 등급을 구분하는 것도 같은 원리이다. 따라서 디마케팅이란 '선택과 집중' 전략이라고 해야 옳다. 자사 상품에 대한 고객의 충성도loyalty에 따라서 차별화된 서비스를 제공하는 것이다. 비유적으로 표현하자면 도마뱀이 적을 만나면 꼬리를 자르고 도망가듯이, 충성도가 낮은 고객은 버리고 몸통만 살리겠다는 전략인 것이다.

상위 20퍼센트의 고객이 백화점 매출의 80퍼센트를 차지한다는 이야기가 있다. 이 속설은 처음 그것을 말한 이탈리아의 경제학자 파레토Vilfredo Pareto의 이름을 따 '파레토의 법칙Pareto's law'이라고 불린다. '20 대 80의 법칙'으로 불리기도 한다. 그런데 사실 파레토가 한 말은 상위 20퍼센트의 인구가 전체 소득의 80퍼센트를 차지한다는 것으로, 자본주의 사회에서는 어느 정도 소득분배의 불평등이 불가피하다는 의미였다. 아무튼 소득분배의 불평등을 옹호했다고 해서 그 후 파레토는 이탈리아 파시즘의 원조로까지 비난받기도 했다.

파레토의 법칙을 마케팅에 적용하여 '20 대 80의 법칙'이라는 말을 만들어낸 것은 미국의 컨설팅 업체 '부즈앨런해밀턴Booz Allen Hamilton'이다. 이들의 보고서에 의하면 산업에 따라서 다소 차이는 있으나 상위 20퍼센트 고객이 전체 수익의 80퍼센트, 30퍼센트 고객은 70퍼센트, 50퍼센트 고객은 수익의 30퍼센트를 차지하며 나머지 20퍼센트 고객은 기업에게 이익이 되지 않는 고객이라고 한다. 따라서 디마케팅이 이익이 되지 않는 하위 20퍼센트의 고객을 잘라내는 전략이라면, VIP 마케팅은 매출의 80퍼센트를 차지하는 상위 20퍼센트의 고객에게 더 나은 서비스를 제공함으로써 수익성을 높이려는 전략이다. 그러므로 이 두 가지 전략은 사실상 동전의 앞면과 뒷면이라고 할 수 있다.

VIP 마케팅은 우리 사회의 소득분배가 불평등하다는 사실의 반영이다. 뿐만 아니라 불경기에는 그러한 불평등의 정도가 더욱 확대된다. 가령 2009년 1분기 통계청 자료를 보면 하위 20퍼센트 계층의 소득은 1년 전에 비해 5퍼센트나 감소한 반면에 상위 20퍼센트 계층의 소득은 1퍼센트 이상 늘었다고 한다. 왜 그런지는 불경기일수록 누가 먼저 희생되는가를 생각해 보면 금방 알 수 있다.

정규직보다 비정규직이 먼저 잘리고, 고위 관리직보다 하위의 사무직이나 생산직이 먼저 잘리고, 백화점은 붐비는데 재래시장은 망하고, 고급 레스토랑은 안 망해도 동네 분식집은 망하는 것이 바로 불경기이다. 소득 상위층의 수입은 경기에 상관없이 일정한 경우가 많고 따라서 이들의 소비 규모도 경기 변화에 상대적으로 안정적이기 때문에 유통업체들은 이들을 가장 주요한 마케팅 대상으로 삼는 것이다. 설마 명절마다 뉴스에 나오는 1,000만 원짜리 상품권이 나를 위해 나왔겠는가?

그런데 요즘은 상위 20퍼센트로도 충분하지 않은가 보다. 상위 10퍼센트, 나아가서는 상위 1퍼센트의 고객만을 대상으로 하는 VVIP 마케팅이 대세라고 한다. 한 유통업체에 따르면 연 실적 2,000만 원 정도의 우수 고객에게는 별도 라운지에서 무료로 음료와 디과를 제공한다고 한다. 연 실적 3,000만 원이 넘는 고객에게는 특별 라운지를 제공한다는데, 별도 라운지와 특별 라운지가 어떻게 다른지는 나도 들어가 본 적이 없어서 모른다. 그렇다면 그보다 상위의 고객들에게는 무엇을 제공할까?

이런 고객들에게는 전담 상담원personal shopper을 붙여 일대일 상담을 제공하고, 매주 1회 이상 스타일리스트나 모델을 초청해 모임을 갖기도 한다. 그렇다면 어느 정도 소비를 해야만 이런 대접을 받을 수 있을까? 이 유통업체에서 2009년 가장 많은 실적을 올려 준 고객은 그 금액이 9억 원이 넘는다고 한다. 그러나 이 정도는 별일도 아니다. 다른 유통업체에서 일하는 이는 10억 짜리 보석을 그 자리에서 현찰로 계산하고 가는 손님도 직접 봤다고 한다. VVIP 맞다.

그러나 '20 대 80의 법칙'과 반대되는 현상도 있다. 가령 미국 인터넷 서점 아마존에서는 1년에 단 몇 권밖에 팔리지 않는 80퍼센트의 책들의 매출 합계가 상위 20퍼센트의 베스트셀러 매출보다 더 많다고 한다. 인터넷 포털 업체인 구글의 주요 수익원도 미국 경제 잡지인 〈포춘Fortune〉에서 500대 기업으로 선정한 거대 기업들이 아니라 꽃 배달 업체나 제과점 등의 '자잘한' 광고주라고 한다. 이런 현상을 '롱테일 법칙Long Tail theory'이라고 부르는데, 미국의 인터넷 비즈니스 관련 잡지 〈와이어드Wired〉의 편집장 크리스 앤더슨Chris Anderson이 처음 사용했다.

앤더슨에 따르면, 어떤 기업이나 상점이 판매하는 상품을 많이 팔리는 순서대로 가로축에 늘어놓고, 각각의 판매량을 세로축에 표시하여 선으로 연결하면 많이 팔리는 상품들을 연결한 선은 급경사를 이루며 짧게 이어지지만 적게 팔리는 상품들을 연결한 선은 마치 공룡의 '긴 꼬리long tail'처럼 낮지만 길게 이어지는데, 이 꼬리 부분에 해당하는 상품들의 총 판매량이 많이 팔리는 인기 상품들의 총 판매량을 압도한다는 것이다.

롱테일 법칙이 나타나는 가장 중요한 원인으로는 인터넷의 발달을 들 수 있다. 인터넷의 발달로 유통의 장벽이 낮아지고 재고 부담이 사라지면서 무한한 선택이 가능해짐에 따라 새로운 시장이 나타난 것이다. 예를 들어 인터넷에서는 공간의 제약을 받지 않기 때문에 오프라인 서점에서라면 서가에 비치되지도 않을 책들까지 모두 소개할 수 있다.

이에 따라 전시 비용이나 물류 비용이 매우 저렴해져서 유통구조가 혁신되었다. 소비자들은 검색을 통하여 자신이 원하는 상품 정보를 찾고 다른 소비자들과 소통하면서 제품에 대한 다양한 정보를 공유할 수 있게 됨에 따라 선택의 폭이 크게 확대되었다. 이러한 조건들이 결합되어 종전에는 소비자들의 눈에 띌 기회조차 갖지 못했던 상품들이 전체적으로는 인기 상품들을 압도하는 결과를 낳은 것이다.

따라서 디마케팅을 하위 80퍼센트는 무조건 배제하거나 차별하는 전략으로 이해해서는 수익을 극대화할 수 없다. 합리적인 디마케팅 전략을 위해서는 먼저 다음과 같은 몇 가지 문제를 적절히 고려해야 한다. 첫째, 기업에 있어서 진정한 비우량 고객을 파악하는 일이다. '20 대 80의 법칙'에서 이야기하는 숫자가 절대적인 비율이 아니며, 상위 20퍼센트를 제외한 나머지 80퍼센트를 차지하는 고객에 대한 분석이 필요하다는 뜻이다. 비우량 고객의 범위는 손실을 미치는 정도에 따라 차이가 있을 수 있다. 뿐만 아니라 모든 고객이 우량인가 비우량인가로 구분되는 것도 아니다. 이 말은 우량 고객과 비우량 고객의 경계선에 위치한 고객들에 대한 분석과 고려도 필요하다는 것이다.

둘째, 디마케팅은 단순히 비우량 고객의 거래를 정지하는 것만을 의미하지 않는다. 따라서 비우량 고객과 어떤 관계를 유지할 것인가, 수익성이 없는 고객과의 관계를 중지할 것인가 아니면 유예기간을 두고 추이를 지켜볼 것인가, 관계를 지속시키는 경우 어떻게 비우량 고객의 수익성을 개선시키도록 유도할 것인가 등에 대한 대책을 미리 수립해야 한다. 불량 고객에 대해 무조건적인 거래 정지보다는 그들이 기업에 수익을 줄 수 있는 다른 서비스로 유도하는 방안도 가능하다. 디마케팅의 본질은 시장으로부터 고객을 구축하자는 것이 아니라, 기업 스스로 기존의 수익 구조를 평가하고 개선함으로써 기업 가치를 높이기 위한 새로운 기회를 만들어 나간다는 데 있는 것이다.

일반적인 디마케팅과는 다른 경우지만, 기업 이미지를 제고하는 차원에서 디마케팅이 도입되기도 한다. 미국의 경영학자 필립 코틀러Philip Kotler는 기업이 스스로 공익을 증대시키고자 노력하는 마케팅 전략을 '사회 지향적 마케팅Societal Marketing'이라고 불렀다. 사회 지향적 마케팅의 개념은 기업의 사회적 책임Corporate Social Responsibility과 유사하나 그 대상과 범위에서 차이가 있다. 기업의 사회적 책임은 마케팅뿐만 아니라 기업 활동의 가치 사슬 안의 모든 부문, 또 가치 사슬 밖의 지원 부문에서도 요구된다.

예를 들어, 공장을 지을 때 환경 훼손을 최소화하는 것, 종업원의 건강과 안전에 보다 많은 노력을 기울이는 것, 사무 공간에서 에너지를 절감하는 것 등은 기업의 사회적 책임이라는 관점에서 필요한 활동이다. 그러나 이런 활동들은 사회 지향적 마케팅과는 다르다. 또 기업의 제품이나 서비스와 직접적인 관련 없이 수행되는 사회 공헌 활동, 예를 들면 기업 차원의 후원이나 자선 활동, 환경 보호 캠페인 등도 기업의 사회적 책임이라는 관점에서 의미 있는 활동이지만 사회 지향적 마케팅에 속하지는 않는다.

사회 지향적 마케팅이란 그러한 기업의 사회적 책임이 특정 상품의 판매와 연계되는 것을 의미한다. 다른 말로는 '공익 마케팅'이라고 부르기도 한다. 가령 프랑스 맥도날드에서는 비만 어린이들의 건강을 우려하여 한 어린이가 일주일에 두 번 이상 자사의 상품을 구매하는 것을 자제시키고 있다고 한다. 물론 햄버거에 열량이나 성분 표시를 정확하게 했다면 법적으로 맥도날드는 자신의 책임을 다했다고 할 수 있다. 그러나 프랑스 맥도날드에서는 거기서 한걸음 더 나아가 어린이들의 비만을 유발할 수 있는 상품의 판매를 적극적으로 제한함으로써 공익을 증기시기고자 한 것이다. 이것이 사회 지향적 마케팅이다.

우리나라의 한 게임 업체에서도 청소년 회원들이 부모의 동의를 얻은 시간 내에서만 온라인 게임을 할 수 있는 시스템을 도입하여 부모들에게 큰 호응을 얻었다고 한다. 청소년들이 지나치게 게임에 중독되지 않도록 미리 방지함으로써 기업이 이윤만 추구하는 것이 아니라 공익을 증가시키는 데에도 노력하고 있다는 신뢰를 얻은 것이다. 물론 장기적으로 기업의 긍정적 이미지를 소비자들에게 부각시키는 것이 수익성 창출에 더 효과적일 수 있다. 특히 어린이를 대상으로 한 공익 마케팅은 미래의 고객을 확보한다는 의미에서도 훌륭한 마케팅 전략이 된다.

사회 지향적 마케팅과 유사한 개념으로는 '대의명분 마케팅Cause related Marketing'이 있다. 대의명분 마케팅은 기업의 마케팅 활동을 특정 공익 활동에 직접적으로 연결시키는 마케팅 활동을 의미한다.

돈만 내면 아무나 노래 부를 수 있는 곳이 카네기홀 아닌가? 그런데도 우리나라 가수들은 카네기홀에서 노래 부른 것을 마치 올림픽에서 금메달이라도 딴 것처럼 이야기하는 이유를 모르겠다. 아무튼 카네기, 록펠러, 밴더빌트 이런 이름들의 공통점은? 돈을 위해서라면 노동 탄압이나 폭력은 물론 살인까지도 서슴지 않았던 악당들이라는 것, 그리고 그렇게 모은 재산의 대부분을 사회에 환원했다는 것이다. 어차피 기부할 돈이라면 적당히 벌고 말지 왜 그렇게 악행을 저지르면서까지 돈을 벌려고 했을까? 악당이 되지 않고서는 부자가 될 수 없는 것이 바로 자본주의기 때문이다.

예를 들어 상품 판매액의 일부를 결식아동 돕기에 활용하거나, 나무 심기에 활용하는 등의 활동이 그것이다. 사회 지향적 마케팅이 활동의 방향성을 제시하는 마케팅 이념에 가깝다면 대의명분 마케팅은 보다 구체적인 활동을 지칭한다고 할 수 있다. 또 사회 지향적 마케팅은 특별한 이슈가 없어도 추진할 수 있으나 대의명분 마케팅은 결식아동 돕기처럼 명확한 목적을 지닌다.

어떤 이들은 사회 지향적 마케팅과 대의명분 마케팅을 함께 공익 마케팅이라고 부르기도 하고, 다른 이들은 '착한 마케팅'이라고 부르기도 한다. 소비자들이 조금 비싸더라도 공정 무역 제품을 구입하는 것이 '착한 소비'라면 기업이 이윤의 일부를 잃더라도 공공의 이익에 기여하자는 것이 바로 '착한 마케팅'인 것이다.

물론 기업의 궁극적인 목적은 이윤을 만드는 데 있다. 따라서 기업이 이윤을 전혀 포기할 수는 없는 일이다. 다만 '착한 마케팅'을 통해 또 다른 이윤을 얻고 공공의 이익도 증진된다면 더 좋은 일 아닌가? 그런데 어떤 기업들은 '착한 마케팅'을 악용하는 경우도 없지 않다. 실제로 어떤 기업은 적극적인 공익 마케팅으로 기업 이미지를 높이면서 뒤로는 노동조합 활동을 가혹하게 탄압하거나 비정규직 사원들을 일방적으로 해고시키는 이중적인 모습을 보이기도 한다. 회계 조작이나 탈법 상속을 하고서 재산을 사회에 환원한다거나 사재를 출연해 공익 재단을 만들겠다는 말로 법의 처벌을 면제받는 경우도 많다. 우리나라 이야기는 아니고 미국의 록펠러 이야기다.

4

점 보러 가는 아내,
로또 사는 남편

상대성원리로 유명한 물리학자 아인슈타인은 "신은 세계를 가지고 주사위 놀이를 하지 않는다."는 유명한 이야기를 남겼다. 그런데 여기에 대해 또 다른 물리학자인 스티븐 호킹 박사는 반대로 "신은 주사위 놀이를 즐기고 있을 뿐만 아니라 주사위를 아예 인간이 볼 수 없는 곳에 던져 놓아 우리를 혼란시키고 있다."고 말했다.(둘 중 누가 옳으냐고? 그걸 알면 나도 노벨상 받았게?)

물론 조물주가 정말로 세계와 인류의 운명을 놓고 주사위 놀이를 할 리야 없다. 아인슈타인과 호킹은 과연 우리를 둘러싼 이 세계의 질서가 확정적인가 아닌가를 이야기하고 있는 것이다. 아인슈타인 이후 대부분의 물리학자들은 우리가 세계를 단지 확률적으로만 인식할 수 있다는 데 동의한다. 가령 수사위를 던지기 선에 어느 숫사가 나올지는 아무도 모른다. 우리는 다만 어느 숫자가 나올 확률이 6분의 1이라는 것만 알 수 있을 뿐이다. 글쎄, 정말로 위대한 창조주가 계신다면 그분이야 모든 것을 아시겠지만 말이다.

아무튼 우리를 둘러싸고 있는 이 세계의 질서와 우리들의 운명에 대해 정작 우리 자신은 아무것도 알 수 없다는 사실을 떠올리면 문득 참으로 무섭다는 생각이 든다. 가령 사람들은 매일 다니던 길을 걸을 때는 별로 무서워하지 않는다. 그러나 낯선 길을 갈 때, 낯선 길에서 모르는 사람을 만날 때에는 두려움을 느낀다. 또한 익숙하지 않은 발자국 소리가 등 뒤에서 들릴 때, 낯선 그림자가 창문에 비칠 때 우리는 두려움을 느낀다.

말하자면 인간은 불확실한 것에 두려움을 느낀다는 것이다. 그러면서도 인간은 불확실한 것을 끊임없이 동경하는 이중성을 가지고 있다. 도박이 바로 그 이중성을 드러낸다. 프랑스 철학자 파스칼은 '도박이란, 불확실한 것에 확실한 것을 거는 행위'라고 정의했다. 그런데 《악의 꽃》으로 유명한 상징주의 시인 보들레르는 도박으로 모든 재산과 인생을 탕진한 후에 이런 말을 남겼다고 한다. "인생의 참된 매력은 도박뿐이다."라고, 시인은 이런 말을 남겨도 덜 뻔뻔스러울 수 있다.

거듭되는 난세는 영웅을 기다리게 한다. 그러면 불황은? 로또가 당첨되기를 기다리게 한다. 불황에는 도박이나 복권 같은 사행성 산업이 잘된다는 속설이 있다. 우리나라에서는 복권, 추첨, 경품을 비롯하여 카지노, 경륜, 경정, 경마 등의 사업들을 모두 사행성 사업이라 명한다. 불황일수록 사행성 산업이 잘된다는 속설은 옳은 듯싶다. 가령 카지노 업체인 강원랜드는 불황 속에서도 2008년에 매출액 1조 원을 넘어섰고, 이후 2009년에는 1조 1,798억 원에 달하는 매출을 올린 것으로 추산되고 있다. 이는 2008년보다 2.7퍼센트 증가한 기록인데, 순이익은 더욱 큰 폭으로 증가해 4.7퍼센트나 늘었다고 한다.

경마나 경륜도 마찬가지로 호황을 누리고 있다. 부산경남경마공원은 2009년 95일 동안 총 752회 경주를 개최해 입장 인원 92만 4,691명과 총 매출액 2조 57억 원을 기록했다고 한다. 이는 2008년에 비해 입장객은 8퍼센트, 매출액은 4퍼센트가 각각 증가한 수치이다. 이런 수익 덕분에 부산경남경마공원은 부산시와 경상남도에 지방세로 2,298억 원을 납부함으로써 부산과 경남을 통틀어 지방세를 가장 많이 낸 기업으로 이름을 올렸다. 웃어야 할 일인지 울어야 할 일인지.

물론 반대되는 주장도 있다. 경기 지수와 마사회의 영업 실적을 분석한 한 연구에 의하면 불황에는 경마 수입도 줄어든다는 결과가 나타났다. 이렇게 모순되는 주장들이 동시에 나오면 과연 누구 주장이 맞는지 궁금하다. 물론 놀랄 일은 아니다. 우리가 사는 현실이 원래 모순 아닌가? 아무튼 이런 연구들에서 강원랜드나 부산경남경마공원 등과 달리 불법적으로 벌어지고 있는 사행 산업들이 빠신 것은 더욱 문제다. 한때 크게 사회 문제가 되었던 바다이야기나 스크린 경마 같은 것들이 바로 그것이다. 이런 사설 도박장들은 전국적으로 1만 4,000개가 넘는다고 한다. 도박 사업의 규모도 무려 수십조 원에 이른다니 대한민국은 도박 공화국이라고 불리도 할 말이 없는 것이다.

인류의 역사에서 도박은 언제나 비도덕적이고 건전한 사회 관습을 저해하는 행위로 간주되어 왔다. 도박을 장려한 사회는 없었다. 하지만 그럼에도 불구하고 도박판이 벌어지지 않았던 시대 또한 없었다. 인류가 처음 도박에 맛 들인 것은 언제일까? 그리스 신화를 보면 제우스와 그 형제들인 하디스, 포세이돈은 주사위를 던져 천국과 지옥 그리고 바다를 누가 다스릴 것인지를 정했다고 한다. 제우스가 속임수를 썼다는 믿거나 말거나 하는 이야기도 있다.

《성경》의 〈민수기〉에도 '너희의 가족을 따라 그 땅을 제비 뽑아 나눌 것'이라는 구절이 있다. 물론 이 구절이 도박을 의미하는 것은 아니다. 다만 그 시대에 이미 제비뽑기가 드물지 않게 행해졌다는 것을 짐작할 수 있을 뿐이다. 아무튼 여러 고대 문명의 유적들에서 도박의 흔적은 두루 발견된다. 그리스 아테네의 아크로폴리스 광장의 계단에도 장기판이 새겨져 있다고 한다. 시민들이 모여 폴리스의 운명을 놓고 토론하던 그 순간에도 한쪽에서는 노름판이 벌어지고 있었던 것이다.

놀랄 일은 아니다. 요즘도 선거 유세장 한 귀퉁이에서 소주 판이 벌어지는 것과 같다. 인류의 역사에서 가장 아이러니한 도박의 장면은 무엇일까? 아마 예수님이 십자가에 매달려 계실 때 로마 병사들이 그 옷을 두고 누가 가질 것인지 내기를 했다는 바로 그 장면이 아닐까? 예수님이 보시기에 얼마나 한심해 보이셨으면 이렇게 말씀하셨겠는가? "아버지여 저들을 사하여 주옵소서, 자기의 하는 것을 알지 못함이니이다."

화투는 모두 마흔 여덟 장이다. 그렇다면 나머지 한 장은 어디에 있는가? 바로 우리들의 마음속에 있다. 남들은 잃더라도 나는 딸 것 같은 마음, 오늘은 잃었지만 내일은 딸 것 같은 마음, 판돈만 조금 더 있었으면 그 판은 내가 다 먹었을 것 같은 아쉬움, 모든 노름꾼의 똑같은 마음이다. 그러나 이것이 어떻게 노름꾼만의 이야기겠는가? 100원짜리 주택복권 한 장을 놓고 온 가족이 행복해하던 그 시절은 참으로 따뜻했다. 그러나 일확천금을 노리고 '주식에 올인 한다.' '부동산에 몰빵한다.' 심지어 '한 달 월급을 모두 부어 로또를 산다.'는 지경에 이르면 이것은 사람이 욕심을 부리는 것이 아니라 욕심이 사람을 잡아먹는 지경에 이른 것이다.

　　로마의 귀족들이 목욕을 즐겼다는 사실은 잘 알려져 있다. 목욕과 함께 귀족들의 놀이가 된 것이 바로 도박이었다. 로마가 세계 제국이 되고 영토가 점점 확장되면서 목욕과 도박도 유럽 각지로 확산되었다. 그 당시 유럽 사람들이 가장 즐긴 도박은 카드 게임과 주사위 게임이었다고 한다. 바로 오늘날 합법적 도박장인 카지노에서 가장 널리 행해지는 도박 게임들이다. 그 후 중세를 넘어 근대에 이르기까지 유럽 대부분의 온천들에서는 목욕탕과 도박장이 동시에 열리는 것이 보통이었다.

　　합법적이고 공개적인 대중 도박장의 기원은 대체로 1826년 이탈리아의 베네치아에서라는 설이 유력하다. 베네치아의 귀족과 상인들은 '카지니Casini'라고 불리던 도박장에 모여 오락을 즐기면서 사업 상담을 벌이곤 했다. 카지니는 이탈리아어로 '작은 집'이라는 뜻으로, 카지노의 어원도 여기서 유래했다. 1861년에는 모나코 공국의 몬테카를로Monte-Carlo에서 최초로 국가가 운영하는 카지노가 개설되었다. 국가 재정의 파탄을 막기 위해 실시된 이 조치는 오늘날 모나코를 세계적인 도박지로 만들었다. 그렇다고 우리 정부가 도박을 금지하면서 국민들에게 복권을 팔아먹는 것보다 모나코 정부가 더 비도덕적이라고 말할 수는 없다.

　　우리나라의 도박에 관한 기록도 적지 않다. 《삼국사기三國史記》〈백제기百濟紀〉에 의하면 백제의 개로왕 때 고구려의 승려 도림이 들어와 왕으로 하여금 바둑에 빠져 국사를 돌보지 않게 함으로써 나라를 망하게 했다는 기록이 있다. 신라 시대에는 당나라로부터 바둑, 투호投壺, 상희象戲 등이 들어와 고려와 조선 시대까지 전해졌다. 안압지에서 발굴된 유물 가운데도 주사위가 있었다.

조선 시대에 오면 여러 문헌들에서 쌍륙雙六이나 투전鬪錢에 관한 기록들이 전한다. 그 옛날에도 도박으로 인한 폐해가 적지 않았던 모양이다. 조선 시대의 여러 야사와 설화 등을 모은 《대동야승大東野乘》이라는 책에는 혁기奕碁, 장기, 쌍륙 등은 잡기에 속한다. "이런 유희는 소일하기 위한 것이나, 어떤 자는 너무 즐겨 의지를 상실하는 자도 있고 혹은 도박을 하여 재산을 손해 보는 자도 있다."고 기록되어 있다.

우리 주변에서 가장 쉽게 볼 수 있는 사행성 산업의 또 다른 경우는 복권이다. 도박과 복권은 다르지 않느냐고 생각하는 사람도 있을 것이다. 그러나 노력하지 않고 남의 돈 좀 먹어 보자는 그 심보에서 보면 똑같다. 단지 도박은 앞자리에 앉은 사람의 돈을 따먹자는 것인 반면 복권은 모르는 사람의 돈을 따먹자는 것이 다를 뿐이다. 2009년 우리나라의 복권 판매는 2조 4,636억 원에 달했다고 한다. 그 가운데 로또와 같은 온라인 복권이 2조 3,494억 원으로 지난해보다 약 4퍼센트 늘어난 반면 인쇄 복권이나 전자 복권은 소폭 감소했다고 한다.

대한민국 국민들 가운데 한 번이라도 복권을 사 본 사람은 58퍼센트나 되며, 그중 한창 일할 나이인 30대와 40대의 비율이 가장 높다. 근로 세대의 절망이 그만큼 더 크다는 의미인지? 더 흥미로운 것은 복권을 사는 이유를 묻는 설문에 20퍼센트의 응답자가 삶에 희망을 주기 때문이라고 대답했다는 사실이다. 복권이 아니면 삶의 희망이 없다는 의미일까?

아마 50대 이상의 한국 사람들에게 복권이라고 하면 주택 복권을 떠올릴 가능성이 높다. 그러나 요즘에는 복권이라고 하면 대부분 로또를 떠올릴 것이다. 다른 복권들보다 로또가 더 인기 있는 이유는 상금이 많아서가 아니라, 본인이 직접 번호를 찍을 수 있어서 마치 본인이 당첨 확률을 높일 수 있으리라는 착각에 빠지기 때문이다. 아무튼 이처럼 복권 판매액이 증가한 현상에 대해 이 나라의 경제정책을 책임지고 있는 기획재정부 관계자가 스스로 밝힌 그 이유가 더 재미있다. 경기 불황으로 국민들의 행운 기대감이 증가했기 때문이란다. 복권 판매로 모은 공익 기금 조성액이 1조 448억 원에 이른다고 하는데 어디에 썼는지는 모른다.

오늘날 복권의 의미로 흔히 사용되는 'lottey' 또는 'lotto'의 어원은 길드Guild 구성원들의 '구매 참가권right of lot'에서 유래한 것이다. 여기서 '길드'란 중세 유럽에서 상인이나 수공업자가 결성한 신분적인 직업 단체를 가리킨다. 최초에 결성된 길드는 각 도시의 대외 교역 독점을 위한 것이었다. 길드의 성원들은 밖으로는 독점권을 유지하고 안으로는 성원들 간의 경쟁을 방지하기 위하여 철저하게 상부상조와 기회균등의 원칙을 지켰다.

한 가지 예로 '구매 참가권'이란 길드의 일원이 어떤 상품을 구입했을 때 다른 길드 회원은 그에 대하여 그 일부를 원가로서 양도할 것을 요구할 수 있는 권리를 말한다. 그것이 복권, 즉 행운을 의미하게 된 것은 "행운을 나눈다."는 의미에서 발전한 것이다. 그러나 로또 1등 당첨자의 대부분이 더 행복해지기는커녕 사치와 향락으로 상금을 모두 탕진하고 가족이나 주위 사람들과도 멀어졌다는 어느 기사를 보니, 과연 그것이 진정한 행운인지는 모르겠다.

복권이 처음 발행된 시점은 고대 로마 시대로 거슬러 올라간다. 초대 황제인 아우구스투스가 연회에서 손님들에게 추첨을 통해 다양한 상품을 나누어 주었다는 기록이 있고, 폭군으로 유명한 5대 황제 네로가 화재로 소실된 로마를 재건할 때 자금 조달을 목적으로 발행했다는 이야기도 있다.

근대적인 복권의 형태는 15세기 네덜란드에서 시작되었다는 것이 일반적인 견해이다. 한편으로 르네상스 시대의 화가인 얀 반 아이크Jan van Eyck의 미망인이 복권을 판매하여 남편의 유작을 저문했던 것이 유럽에서 복권에 관한 최초의 기록이라는 설도 있다. 그 후 1530년대 이탈리아 제노바 공화국은 매년 추첨에 의하여 90명의 정치가들 중에서 5명의 의원을 선출했는데, 이에 착안하여 90개의 숫자 중 5개의 숫자를 추첨하는 게임이 복권으로 나왔고, 이것이 오늘날 세계적으로 가장 성행하는 로또의 효시가 되었다고 한다.

복권이 오늘날처럼 유행하게 된 데에는 여러 정부들이 재정 부족을 채우기 위해 발행했던 이유가 크다. 정부가 최초로 복권을 공식적으로 승인한 것은 프랑스의 국왕인 프랑수아 1세가 바닥난 국고를 채우기 위해 발행하면서부터다. 영국에서는 엘리자베스 1세가 영국 최초의 복권을 승인했는데, 40만 장이 판매된 이 복권에 당첨되면 상품으로 현금이나 접시를 받았다고 한다.

미국 100달러짜리 지폐에 나오는 언론인이자 문학가인 벤저민 프랭클린은 복권을 사용하여 독립전쟁에 필요한 대포를 구했고, 초대 대통령 조지 워싱턴은 복권으로 조성된 기금으로 로키산맥 주변 주州들을 잇는 '몬테인 로드Mountain Road'를 건설했다. 이 도로를 통해 미국의 서부 개척 시대가 가능하게 되었다. 물론 이런 국가사업 이외에 개인적인 자금 마련을 위해 복권을 발행한 예도 많다. 미국 3대 대통령 토머스 제퍼슨은 말년에 복권을 발행해 8만 달러의 빚을 갚았다고 한다. 하버드, 예일, 프린스턴과 같은 아이비리그의 대학들도 복권 수익을 토대로 세워졌다.

사람들의 마음속에는 누구에게나 약간의 사행심이 있기 마련이다. 그러나 대개의 사람들이 그만큼 자주 복권을 사지 않는 이유는 당연히 복권을 구입하는 비용과 복권의 당첨 가능성을 계산하기 때문이다. 가령 1,000원을 내고 주사위를 던져서 숫자를 맞추면 6,000원을 주는 도박이 있다고 가정하자. 이 도박을 했을 때 내가 받을 수 있는 상금의 기댓값은 '6,000원×6분의 1', 즉 1,000원이다. 비용과 편익이 같은 것이다.

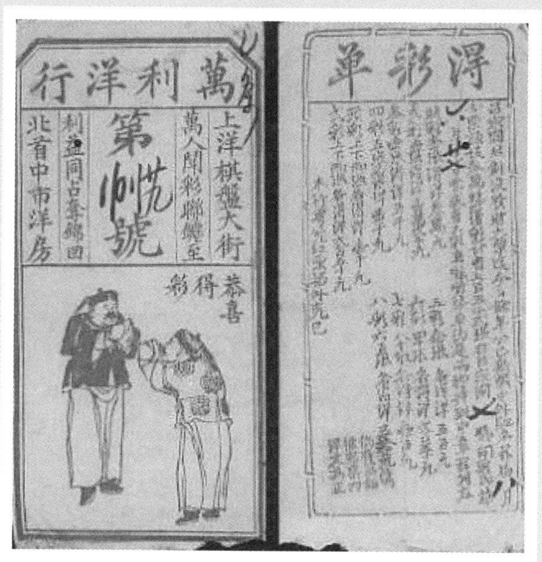

우리나라에서도 대한제국 시절 중국에서 유행하던 채표彩票라는 복권이 크게 성행하여 〈황성신문 皇城新聞〉 광고의 절반 이상이 채표 광고였던 적도 있다. 재미있는 것은 지금과 마찬가지로 그때도 "저희 가게에서 판매한 채표가 1등에 당첨되었습니다." 하는 광고가 심심치 않게 실렸다고 한다.

그렇다면 여러분은 이 도박을 할 것인가? 대부분의 사람들은 비용보다 편익이 더 크면 노름을 하고, 반대로 비용이 더 크면 하지 않는다. 이런 사람들은 '위험 중립적risk-neutral'이다. 물론 비용보다 편익이 더 큰데도 노름은 하지 않는 사람이 있다. 도덕이나 윤리적인 문제는 잠시 접어 두자. 이런 사람들은 돈을 땄을 때의 행복보다 돈을 잃었을 때의 고통을 더 크게 평가하기 때문에 노름을 하지 않는 것이다. 이런 사람들은 '위험 기피적risk-averse'이다. 반대로 비용이 편익을 훨씬 초과하는데도 노름을 즐기는 사람들이 있다. "인생 뭐 있어? 한 방에 가는 거지." 하는 분들이다. 그렇다, '위험 선호적risk-loving'인 사람들이다.

위험을 먹고 사는 대표적인 예는 바로 주식 투자이다. 여기서 잠깐, '투자'와 '투기'는 어떻게 다를까? 내가 하면 투자, 남이 하면 투기? 적당히 하면 투자, 과하게 하면 투기? 내 돈으로 하면 투자, 남의 돈으로 하면 투기?

모두 아니다. 경제학에서 '투자investment'란 실물 자산이 늘어나는 것을 말한다. 공장을 짓는 일, 기계를 사 오는 일, 도로를 건설하는 일 등이 그것이다. 반면에 주식이든 채권이든 부동산이든 골동품이든 이런 금융자산들을 선택하는 행위는 모두 '투기speculation'라고 부른다. 경제학에서 말하는 투기는 전혀 부정적인 의미로 사용되는 것이 아니다. 우리가 흔히 생각하는 투기꾼, 복부인, 떴다방, 빨간 바지 아줌마 등과는 무관하다는 뜻이다.

내기에 관한 이야기 가운데 가장 오랫동안 기억에 남는 것은 영화 〈제17 포로수용소(Atalag 17)〉의 윌리엄 홀던William Holden이다. 독일군의 포로가 된 홀던은 탈주를 시도한 동료들이 성공할 것인가를 놓고 내기 판을 벌인다. 성공의 확률이 매우 낮다는 것을 알면서도 대부분의 포로들은 탈주가 성공하기를 바라는 마음에서 성공에 담배를 건다. 그러나 홀던만은 실패에 담배를 건다. 탈출 시도는 늘 실패다. 그렇게 번 담배로 홀던은 독일군에게서 포도주와 시거를 구입하여 수용소 안에서도 호사를 누린다. 동료들이 홀던에게 분노하는 것도 당연하다. 물론 경제학적으로만 본다면 홀던의 행동은 지극히 합리적이다. 하기야 사람들이 합리적이라면 아예 도박을 할 리도 없겠지만.

이런 투기 행위들의 공통점은? 바로 '위험'을 먹고 산다는 것이다. '위험'과 '불확실성uncertainty'은 정확하게 같은 의미는 아니지만, 경제학 전공자가 아닌 분들은 대충 같은 의미라고 이해하시면 된다. 주가가 오를지 내릴 지는 아무도 모른다. 불확실한 것이다. 따라서 투기에는 언제나 위험이 따른다. 문제는 위험이 없다면 수익도 없다는 것이다. 반대로 위험이 높을수록 수익도 높을 가능성이 있다. 흔히 하는 말로 '하이 리스크 하이 리턴high risk, high return, 노 리스크 노 리턴no risk, no return'이다. 여기서 '하이 리스크 하이 리턴'을 선택하느냐, 반대로 '노 리스크 노 리턴'을 선택하느냐에 정답은 없다. 위험 선호적인 사람은 전자를 선택할 것이고 위험 기피적인 사람은 후자를 선택할 뿐이다.

위험 기피적이냐 위험 선호적이냐 하는 이야기는 도박에만 적용되는 것이 아니라 우리가 인생을 살면서 만나는 대부분의 선택에 대해서 똑같이 적용될 수 있다. 가령 입만 열면 대박이요, "홍콩에서 배만 들어오면"을 떠들다가 집안 기둥뿌리를 말아먹기 일쑤인 이들은 위험 선호적이다. 반대로 이걸 해 볼까 저걸 해 볼까 고민만 하다가 그저 월급쟁이가 제일 낫더라는 사람들은 대체로 위험 기피적이다. 여성에게 거절당할 것이 두려워 평생 고백 한 번 못해 보고 늙는 노총각은 위험 기피적이다. 반대로 두 다리, 세 다리도 부족해서 문어 다리를 걸치고 다니는 난봉꾼은 위험 선호적이라고 할 수 있다.

보통의 사람들은 이 셋 중 어느 쪽일까? 위험 중립적이라고 생각하기 쉽지만, 보통 사람들은 위험 기피적이다. 똑같은 1,000원일지라도 내가 얻을 수 있는 1,000원의 효용보다 내가 잃을 수 있는 1,000원의 효용이 더 크기 때문이다. 똑같은 1,000원인데 왜 효용이 다르냐고? '한계효용 체감의 법칙' 때문이다. 무슨 말인지 굳이 알려고 할 필요 없다. 사람들은 경제학 따위는 몰라도 대개의 경우 본능적으로 현명하게 행동한다. 문제는 경기가 나쁠수록, 또는 소득이 낮을수록 논리적으로 따지자면 사람들은 더욱 위험 기피적이어야 하는데, 현실은 그 반대라는 것이다. 경제학을 배우지 않아도 보통 사람의 상식과 합리성을 가지고 판단하고 선택하던 사람들이, 경기가 나빠질수록 그러한 판단력을 잃어버리기 때문이다.

성실하고 검소했던 평범한 사람들이 쉽게 사행심에 빠져 버리는 것은 언제일까? 성실하게 노력하고 검소하게 생활하는 것만으로는 미래에 대한 희망이 보이지 않을 때일 것이다. 물가는 오르고 아이들은 커 가는데, 아직 내 집 한 간 장만하지 못했는데 월급은 오르지 않고, 그마저도 언제 퇴직할지 모르고, 노후는 어떻게 대비해야 할지 암담하기만 할 때, 사람들은 로또를 사는 것이다. 한마디로 불경기는 사람들로 하여금 제정신이 아니게 만들고 눈에 뵈는 게 없도록 만든다. 이래서 경제가 중요하다는 것이다.

5

김 대리를
술 푸게 하는 세상

가장 대표적인 불황기 인기 상품은 라면, 소주, 담배이다. 여기서 라면과 소주의 공통점은 둘 다 열등재라는 것이다. 라면을 안주로 깡소주를 마시는 서러운 자취생의 모습을 떠올려 보면 금방 이해가 될 것이다. 그런데 불경기가 오래 계속되면서 소주 소비는 오히려 줄었단다. 건강을 생각해서 그런 것일까, 서민들이 소주 한 잔도 마음대로 못 먹을 만큼 경제가 어려워졌다는 것일까?

관련 업체의 말을 들어 보면 불황일수록 소주가 잘 팔린다는 속설은 대체로 맞다고 한다. 그런데 2009년 들어 이 속설이 갑자기 흔들렸는데, 그 이유는 경기가 좋아진 것도 아니고 그렇다고 소주도 못 마실 만큼 경기가 어려워진 것도 아니며, 다름 아닌 '웰빙 바람' 때문이라고 한다. 웰빙이라고 서민들이 무슨 와인에 캐비아를 먹겠는가? 값싸면서 배부르고 영양가도 높은 막걸리가 인기라는 이야기다.

우리나라 사람들은 전 세계적으로 술을 많이 마시는 국민에 속한다. 세계보건기구의 조사에서도 2007년 한국인의 한 해 알콜 소비량은 1인당 약 14.4리터로 조사 대상인 세계 151개국 가운데 2위를 차지한 적이 있다. 한국주류산업협회에 의하면 2009년 우리나라 사람들은 성인 1인당 맥주는 112.8병, 소주 97.3병, 막걸리 14.6병, 양주

1.5병을 마셨다고 한다. 이 가운데 막걸리 판매량은 4억 8,900만 병으로 2008년의 3억 5,200만 병에 비해 1억 3,700만 병이나 늘어난 숫자다. 지난 2005년 이후 매년 2~3퍼센트씩 소폭 상승세를 보이던 막걸리 음주량이 2009년에는 무려 40퍼센트나 수직 상승한 것이다.

반면 맥주는 37억 9,000만 병으로 전년보다 1,000만 병 감소했다. 양주 역시 5,102만 병으로 5,127만 병이던 2008년에 비해 25만 병 감소했다. 불황일수록 잘 팔린다는 '서민의 술' 소주도 막걸리 열풍에 밀린 탓에 32억 7,000만 병으로 2008년과 비교하면 무려 1억 9,000만 병이나 줄어들었다. 성인 1인당 음주량에서도 소주는 2008년 103.6병에서 6.3병이나 급감했는데, 소주 음주량이 5퍼센트 이상 감소하기는 지난 2000년 이후 처음이라고 한다. 주류 업계의 관계자에 따르면 "막걸리 붐으로 막걸리 음주는 크게 늘어난 반면 맥주, 소주, 양주 등은 일제히 줄어드는 등 술의 복고화와 저도주 선호 현상이 뚜렷했다."며 "특히 1,000원이면 먹을 수 있는 서민의 술 소주가 역시 1,000원 하는 서민의 술인 막걸리의 역풍을 가장 세게 맞은 것 같다."고 말했다.

그렇다면 인류가 처음 술을 마신 것은 언제일까? 그리스 신화에서 술의 신으로 나오는 디오니소스는 로마 신화에서는 바커스로 불리는데, 대지의 풍작을 관장하는 신으로 유럽에서 아시아에 이르는 넓은 지역에 포도 재배와 양조법을 전파했다고 한다. 중국에서는 하夏나라를 세운 우禹임금 때 의적儀狄이 처음 곡류로 술을 빚어 왕

디오니소스는 테세우스에게 버림받은 아드리아네와 결혼하여 암펠로스(포도밭), 스타필로스
(포도나무), 오이노피온(술 마시는 사람)의 세 아들을 얻는다. 술의 역사와 술 취함의 역사는 거
의 다르지 않은 듯. 이집트의 벽화에도 주정뱅이가 그려져 있다. 중국에서도 고대의 정치 서
적인 《서경書經》〈주고酒誥〉에서도 술의 폐해를 경계하라는 이야기가 있다.

에게 헌상했다는 전설이 있다. 그때부터 의적은 주신으로 숭배되었고, 그의 이름은 술의 다른 명칭이 되었다.

디오니소스 신화에서도 나오듯이 인류의 조상들이 마신 최초의 술은 아마 자연 발생적으로 만들어졌을 것으로 짐작된다. 과일이나 벌꿀과 같이 당분을 함유한 재료에 공기 중의 효모가 들어가 자연적으로 발효하면서 술이 된 것이다. 지금도 영국 일부 지방에서 마시는 벌꿀술mead은 구석기 시대의 제조법을 계승한 것이라고 한다. 중국의 설화에서는 심산深山의 원숭이가 나뭇가지가 갈라진 곳이나 바위가 움푹 팬 곳에 저장해 둔 과일이 우연히 발효한 것을 먹어 보니 맛이 좋아 그 후로는 의식적으로 만들어 먹었다고 한다. 중국 황허黃河 문명의 유적지에서는 술을 발효시킬 때 사용하거나 술을 담아두던 주기酒器나 호리병이 발굴되었는데, 오래된 것은 7000년 전까지 거슬러 올라간다고 한다. 술의 역사가 문명의 역사와 맞먹는 것이다.

생산력이 낮았던 시대에는 술이 매우 귀한 식품이었다. 그래서 음주는 일상생활이라기보다 종교적인 의식의 일부였을 것이다. 가톨릭에서 포도주를 세례에 사용하는 것도 실은 그런 의식의 전통이 이어진 것이다. 고대인들은 발효를 증식의 상징으로 받아들여 풍요와 연결시켰고, 여성의 생식 작용을 의미한다고 보았다. 중동 지역의 원시 종교는 술에다 물을 섞어 신에게 바치는 것을 의식의 중심으로 거행했다. 여기에서는 물을 남성으로 상징하여 음양화합의 뜻을 나타내고자 한 것이다. 농경시대에 들어와 곡물로 만든 술이 탄생하면서 술은 농경신農耕神과 깊은 관계를 가지게 된다. 술의 원료가 되는 곡물은 그들의 주식主食이며 농경에 의해서 얻어지기 때문이다. 반대로 술을 만들 수 없는 해산물을 주식으로 하는 에스키모에게는 술이 없다.

술의 역사를 시대순으로 보면 수렵·채취 시대에 만들어진 최초의 술은 과실주였다가 그 후 인류가 유목을 시작하면서 가축의 젖을 발효시킨 젖술乳酒이 만들어지고, 농경시대에는 곡물을 재료로 하는 곡주가 만들어지기 시작했다. 청주나 맥주와 같은 양조주는 정착 농경이 시작되고 녹말을 당화시키는 기법이 개발된 후에야 가능했을 것이다. 소주나 위스키와 같은 증류주는 가장 최근에 와서야 만들어지기 시작했다.

역사 기록에 나타나는 최초의 술은 맥주이다. 이집트 신화에서는 사자死者의 신인 오시리스가 보리로 술을 빚는 법을 가르쳤다고 한다. 아마 이것이 맥주의 원형이었을 것이다. 이집트에서는 기원전 3000년경에 이미 맥주를 제조하고 있었고, 기원전 1500년경에 제작된 피라미드에서는 비교적 상세한 맥주 제조의 기록이 발견되기도 했다. 이집트뿐 아니라 메소포타미아 지방에서도 비슷한 시기에 이미 맥주를 마셨다는 기록이 옛 바빌로니아 지방에서 출토된 토제 분판에서 확인되었다. 바빌로니아를 통일한 함무라비왕은 317개 조의 《함무라비 법전》을 남겼는데, 여기에는 맥주에 관한 조항이 넷이나 있다. 맥주 대금을 곡물로 받지 않고 은으로 받는다거나, 곡물의 분량에 비해 맥주의 분량을 줄인 경우는 맥주를 판 술집 여자를 물속에 던진다는 등의 내용이다. 한 가지 특이한 사실은 16세기에 스페인 사람들이 멕시코를 정복했을 때 그곳의 인디언들이 옥수수로 만든 '치차chicha'라는 음료를 마시고 있었는데 이것이 일종의 맥주와 같다는 것이다. 피라미드를 비롯해 중동 지역의 문명과 중남미 지역의 문명이 상당한 유사성을 가지고 있다는 한 증거이다.

맥주만큼 오래된 술은 역시 포도주이다. 《성경》에는 하나님이 노아에게 포도의 재배법과 포도주의 제조법을 전수했다고 기록돼 있다. 피라미드 벽화에는 맥주뿐 아니라 포도주의 제조 장면이 그려져 있다. 투탕카멘 왕의 무덤에서도 포도주를 담던 항아리가 발굴되었다. 그러나 맥주가 서민들도 마시던 술이었던 데 비해 포도주는 왕족이나 지배 계급이 마시던 귀한 술이었다고 한다. 와인이 맥주보다 비싼 것은 지금도 그렇지만.

재미있는 일은 미국의 한 텔레비전 프로그램에서 맥주와 포도주 가운데 어느 것이 더 건강에 좋은가 하는 실험을 했는데, 두 부류로 나눈 성인 남성들에게 한 달 동안 한쪽은 맥주만, 다른 쪽에게는 포도주만 마시게 했다고 한다. 그 결과는? 당연히 맥주를 마시는 쪽이 더 건강하다는 결과가 나왔다. 잠깐! 이 실험을 후원한 것이 미국의 맥주 회사라는 점을 잠시 생각해 보라. 솔직히 말하면 결과가 어떻기 전에 이런 미련한 실험을 하는 방송국이나 거기에 참가한 남자들이나 똑같지 않은가?

중국의 고대 문헌을 보면 삼국 시대부터 우리 조상들은 발효 음식에 능했다는 기록이 있다. 발효 음식에 능했다면 당연히 술을 빚는 데도 능했을 것이다. 우리 역사에서 음주에 관한 최초의 기록은 고구려의 주몽 신화에서 등장한다. 고려 시대에 편찬된 《제왕운기帝王韻紀》에 의하면 주몽의 어머니인 유화는 해모수에 잡혀 그날 밤 술에 취한 채 해모수와 잠자리를 같이한 후 주몽을 낳았다고 한다. 《삼국지 위지 동이전三國志 魏志 東夷傳》의 기록에는 부여와 고구려에 하늘에 제사 지내는 제천 의식이 있었는데, 이 기간에는 밤낮으로 식음하는 것이 보통이었다고 한다. 여기서 음飮이란 물론 술을 가리키는 것이다.

우리나라 사람들이 가장 좋아하는 술은 역시 소주이다. 그런데 소주는 '술 주酒' 자가 아니라 '진한 술 주酎' 자를 쓰는데, 이는 술을 빚을 때 세 번 고았다는 뜻이다. 소주가 처음 만들어진 것은 지금으로부터 3000~4000년 전이라는 설이 있지만 확실치 않으며, 고려 시대에 원元나라로부터 처음 들어왔다는 것이 일반적인 설이다. 소주의 다른 이름으로는 이슬처럼 받아내는 술이라고 하여 '노수露酒' '화주火酒' '한주汗酒' '기주氣酒' '약소주藥燒酎' 등으로도 불렸다. 지역에 따라서도 다른 이름으로 불렸는데, 개성에서는 '아락주', 평북 지방에서는 '아랑주', 강원도에서는 '깡소주', 충청 이남 지역에서는 '새주', 진주에서는 '쇠주', 목포에서는 '아랑주', 연천에서는 '아래기', 해남에서는 '효주'라 불렀다고 한다.

소주는 기온이 낮고 잡곡 생산이 많은 함경도, 황해도, 평안도,

강원도 지방에서 많이 만들었고, 여름에는 남부 지방에서도 많이 만들었다. 소주는 다른 술에 비해 곡물이 많이 소요되었기 때문에 조선 시대까지도 매우 귀한 술로 대접받았다. 그래서 조선 시대에는 민간에서의 소주 제조를 금지하기도 했다. 가장 엄격하게 금주령을 내렸던 임금님이 바로 영조英祖 대왕인데, 금주령 속에서도 정작 본인은 적잖이 술을 즐겼다고 한다.

일제의 침략 이전까지 우리나라에서는 당연히 민간에서 가전의 방법으로 소주를 걸러 마셨다. 산업으로서 소주 생산은 일제에 의해서 시작되었다. 조선 침략과 함께 일본은 재정 조달의 목적으로 주세를 창설하기로 했고, 이를 위해 1905년부터 1908년까지 우리나라의 주류 실태를 조사한 다음 이를 토대로 1909년 《주세법》을

피라미드를 세운 것은 과연 노예들이었을까? 오늘날에는 피라미드 건설이 농사를 짓지 못하는 범람기에 농민들에게 일자리를 주기 위한 공공사업이었다는 해석이 유력하다. 말하자면 고대의 뉴딜 정책이었던 것이다. 이렇게 동원된 농민들에게는 빵과 맥주를 지급했다는 기록이 있다.

제정 공포했다. 그 후 《주세법》의 세율이 낮고 관련 규정이 미비하다는 이유로 총독부는 1916년 《주세령》을 제정했고, 같은 해 8월에는 그 《시행규칙》이 공포되었다. 《주세령》의 목적은 본국의 재정 보조 없이 식민 지배에 필요한 재정을 조달하려는 것이었다. 총독부는 허가를 받지 않은 양조 행위를 엄격히 단속했고, 이를 계기로 일본인들이 양조업에 대거 진출하게 된 것이 우리나라에서 근대적 양조 산업의 시작이었다. 이로써 집에서 담그는 술 제조는 거의 사라지고 이에 따라 각 지방에서의 비법도 자취를 감추게 되었다.

1945년 광복 후에도 일제 치하의 주세 행정은 그대로 유지되었다. 양조 산업의 역사에서 가장 중요한 사건은 1965년 1월부터 시행된 《양곡관리법》이다. 이 법에 의해 곡물을 원료로 한 증류식 소주의 제조가 금지됨에 따라 희석식 소주의 시대를 맞이하게 된 것이다. 이때부터 소주의 맛은 지금 우리가 아는 것과 같은 맛으로 균일화되었고, 소주의 도수도 25도로 고정되었다. 1960년대에는 전국적으로 소주 업체가 250여 개에 이를 만큼 난립 상태였다. 이에 정부는 소주 업체의 통합 방침을 세우고 1970년부터 통합을 유도하여 60개 업체가 남게 되었으나, 여전히 대부분의 업체가 영세한 규모와 부실한 경영 상태를 벗어나지 못했다.

이에 1973년부터 제조장 시설 기준, 제조장별 제조 비율제, 주조 원료 배정제, 자가 병 사용 등을 제도화했고, 그 결과 1977년에는 각 지방별 제조장 기준으로 하여 각 도에 1개씩, 모두 10개의 희석식 소주 업체만 남게 되어 현재에까지 이르고 있다. 우리가 흔히 아는 지역 소주 회사들이 바로 이때 만들어졌던 것이다. 지금은 대부분 새로운 브랜드의 제품들을 생산하고 있지만 부산의 대선주조, 대구의 금복주, 경남의 무학소주, 전남의 보해양조, 전북의 보배소주, 그리고 강원도의 경월소주 등이 바로 그것이다.

영국의 주류 전문지 〈드링크스 인터네셔널Drinks International〉이 발표한 2008년 세계 증류주 판매량에 따르면 진로그룹의 진로 소주가 7,599만 상자가 팔리면서 2001년 이후 8년 연속 판매 1위를 기록했다고 한다. 이것이 기뻐해야 할 일인지는 모르겠지만 말이다. 아무튼 2위는 2,570만 상자를 판매한 보드카 '스미노프', 3위는 2,198만 상자를 판매한 브라질의 '피라수눈가51Pirassununga51'이 차지했으며, 소주 중에서는 진로에 이어 대선주조의 'C1'이 11위에, 일본산와三和주조의 '리치코'가 17위를 차지했다.

우리나라에서 가장 인기 있는 소주가 '진로'라는 데 이의를 달 사람은 거의 없을 것이다. 과거에는 정부가 소주의 원료가 되는 주정을 지역별로 할당해서 배분했기 때문에, 서울 이외의 지역에서는 진로를 구하기가 매우 힘들었다. 소매상에서는 양주 한 상자를 사야 진로 한 상자를 받을 수 있다는 이야기가 나돌 정도였다. 그래서 대학가의 대폿집에서는 진로 소주병에 다른 소주를 담아 팔기도 했다. 요즘은 그때만 못하다지만, 그래도 여전히 진로는 단일 품목으로 전국 소주 시장점유율의 절반을 차지하고 있다. 특히 진로의 새

브랜드 '참이슬'은 10년간 140억 병, 하루 평균 384만 병, 초당 44병이 팔렸다고 한다. 웰빙 바람의 반영인지 최근 소주 시장에서는 '저주도 소주'가 트렌드다. 외환위기 직후인 1998년 10월 19일 소주 시장에 첫선을 보인 '참이슬'은 소주의 23도 시대를 연 제품이다. 그때까지 소주는 25도라는 상식이 시장을 지배하고 있었는데, 참이슬은 그 상식을 깨뜨린 것이다. 당시 진로그룹은 외환위기의 여파로 창사 이래 최대의 위기에 직면해 있었다. 회사는 부도가 났고 시장점유율은 30퍼센트로 하락했다. 이런 위기를 돌파해 회사를 구하고, 소주에 관한 모든 판매 기록을 경신한 것이 바로 참이슬이었다.

참이슬의 성공은 다른 회사 주류 제품의 도수도 잇달아 낮추게 만들었다. 참이슬도 그 후 몇 번의 개선을 거쳐 지금은 20.1도에 출시되고 있다. 천연 알칼리 소주를 내걸고 출시된 '참이슬fresh'는 그보다 더 낮은 19.5도이고, 최근에 나온 완전 소중한 소주 '진로J'는 18.5도이다. 그러나 이것도 우리나라에서 가장 도수가 낮은 소주는 아니다. 선양에서 내놓은 'O₂버지니아'는 16.5노라고 한나. 솔직히 그래도 소주 맛이 똑같은지 궁금하다.

《논어》〈향당鄕黨〉편에는 '유주무량唯酒無量 불급란不及亂'이라는 말이 있다. 다른 음식과 달리 술만은 양을 따지지 말고 마시고 싶은 대로 마시되, 어지러운 지경에 이르지는 말라는 말씀이다. 아무리 도수가 낮아도 소주는 소주다. 많이 마시면 취하고 평소에는 결코 하지 않는 무단 횡단, 노상 방뇨 등을 저지르게 만든다.

속설에 관한 **톡톡 튀는** 이야기

서민의 술 소주, 막걸리 역풍에 넘어지다

대표적인 불황 상품으로 꼽히는 소주 판매가 줄어든 가장 큰 이유는 바로 막걸리 열풍 때문이었다. 이처럼 한 상품이 많이 팔리면 다른 상품이 적게 팔리는 관계를 '대체재 substitutional goods'라고 부른다. 간단히 정의하면 대체재란, 서로 다른 상품들에서 같은 효용을 얻을 수 있는 경우로, 쇠고기와 돼지고기, 커피와 홍차, 시내버스와 택시 등이 대표적인 경우이다. 반대로 둘 이상의 상품을 함께 소비함으로써 하나의 효용을 얻는 경우도 있다. 이를 '보완재 complementary goods'라고 부르는데, 커피와 설탕, 자동차와 휘발유가 바로 그것이다. 소주와 막걸리는 대체재이다. 그렇다면 소주와 맥주는 어떨까? 과거에는 이 둘을 대체재라고 보는 것이 일반적이었으나 요즘은 보완재로 보기도 한다. 왜냐고? 일명 '소맥'을 즐기는 사람들이 늘어났기 때문이다.

소주와 함께 대표적인 서민의 술인 막걸리는 찹쌀이나 보리 등의 곡물을 쪄서 누룩과 물을 섞어 발효시킨 한국 고유의 술이다. '탁주' '농주' '재주滓酒' '회주灰酒' 등으로 부르기도 한다. 한국에서 역사가 가장 오래된 술로 빛깔이 뜨물처럼 희고 탁하며, 알콜 도수는 일반적으로 6~7도 내외이다. 아직 청주와 술지게미를 분리하기 전에 막 걸렀다는 데서 막걸리라는 이름이 유래했다고 한다.

식민지 시절 어느 시인은 '술 익는 마을마다 타는 저녁놀'이라고 노래했다고 후대에 큰 비판을 받았다. 일제의 수탈에 신음하던 농민들이 술이나 담가 먹

기록에 남은 최초의 막걸리는 고려 시대의 '이화주梨花酒'가 있는데, 가장 소박하게 만드는 막걸리용 누룩은 배꽃이 필 무렵에 만든다 하여 그렇게 불렀다고 한다. 고려 시대 유학자 이달중李達衷의 시에 '뚝배기 질그릇에 허연 막걸리'라는 구절이 있고, 조선 초기의 명신인 맹사성孟思誠의 〈강호사시가江湖四時歌〉에도 "탁료계변濁醪溪邊에 금린어錦鱗魚 안주로다."라는 구절이 있는 것을 보면 이 시기에 이미 계층을 불문하고 애용했음을 알 수 있다.

을 만큼 여유로웠겠느냐는 것이다. 비판도 옳은 말씀이지만 그렇다고 식민지 시절에는 정말 술 한 항아리도 담가 먹지 못했을까? 아마 꼭 그렇지는 않았을 것이다. 소주와 마찬가지로 막걸리 양조업이 큰 위기를 맞게 되는 것도 일제의《주세령》때문이었다.

그러나 그때까지 비교적 고급술에 속하던 소주에 비해 대중적인 막걸리의 전통은 비교적 오래 유지되었다. 1960년대까지만 하더라도 막걸리는 우리나라의 전통적이고 대중적인 주류로서 전체 소비량의 60퍼센트 이상을 차지했다. 그러나 소득 수준의 향상과 함께 소주와 맥주, 위스키 등에 의해 밀리면서 막걸리의 판매량은 급속히 감소되어 왔다. 여기에는 소득 수준 이외에도 산업화와 함께 노동 강도가 높아지면서 독주를 찾게 된 사회적 배경도 있을 것으로 생각된다.

최근의 경제 위기로 대부분의 주류 판매가 감소하고 있는데도 막걸리만은 그 판매량이 증가하고 있다는 것은 반가운 일이다. 막걸리가 다시금 주목받는 이유는 매우 다양하다. 가장 중요한 이유를 고르자면 저렴한 가격과 함께 저도주를 찾는 웰빙 트렌드, 또 그에 걸맞은 품질 개선과 브랜드 고급화 전략이 소비자의 마음을 움직인 것이라 할 수 있겠다. 더욱 반가운 일은 막걸리의 인기가 우리나라 안에서만 높아진 것이 아니라 해외로의 수출도 크게 늘어났다는 것이다.

관세청에 따르면 2010년 1월 막걸리 수출액은 75만 1,000달러로 2009년 1월의 13만 1,000달러보다 5.7배나 많았다고 한다. 수출량도 806톤으로 6.8배 늘었다. 이것을 다른 주류와 비교해 보면 소주 수출액 543만 4,000달러의 13.8퍼센트, 맥주 수출액 256만 7,000달러의 29.3퍼센트에 해당한다.

절대액으로 따지면 아직 소주나 맥주에 못 미치지만 불과 1년 전인 2009년에는 소주의 5.6퍼센트, 맥주의 15.0퍼센트에 그쳤던 것에 비하면 큰 발전이라고 할 수 있다. 국가별로는 일본 수출이 46만 6,000달러로 전체의 62퍼센트를 차지했고, 미국 수출은 18만 7,000달러로 25퍼센트를 차지했다. 2009년에는 일본 수출이 90퍼센트에 육박하고 미국 수출은 7퍼센트에 불과했던 것이 1년 만에 크게 변화된 것이다. 이밖에 중국 수출은 4만 5,000달러, 베트남 3만 4,000달러, 싱가폴 7,000달러, 필리핀 5,000달러, 영국과 터키 각각 2,000달러에 달한다. 머지않아 프랑스의 와인, 일본의 사케와 나란히 전시된 우리의 막걸리를 기대해 본다.

원래 쌀로 빚는 술인 막걸리를 밀가루와 다른 곡물로 빚게 된 것은 군사 정권이 쌀 소비를 줄이기 위해서 쌀 막걸리의 주조를 금지했기 때문이다. 쌀 소비를 줄이기 위해 금지되었던 쌀 막걸리의 생산이 다시 허용된 것은 우리나라가 쌀 자급에 성공한 1977년부터이다. 그런데 양조 전문가들에 의하면 반드시 쌀 막걸리가 더 맛있고, 밀 막걸리는 맛이 떨어지는 것은 아니라고 한다.

오히려 적당량의 밀가루를 섞어야 막걸리가 더 맛있다는 의견도 많다. 실제로 시중에서 팔리는 쌀 막걸리 대부분은 밀가루를 섞고 있다. 다만 밀 막걸리의 경우 쌀 막걸리보다 발효 속도가 빠르기 때문에 유통 과정에서 변질되는 경우가 많다 보니 소비자들의 인식이 나쁘다. 다만 맛을 떠나 우리 전통의 양조 방식을 금지시킨 데 대한 비판 심리도 작용했을 듯싶다. 이처럼 쌀 막걸리를 금지시킬 만큼 쌀이 부족했던 시대도 있었지만, 요즘은 반대로 쌀 소비가 줄어서 걱정이라고 한다.

정부는 쌀국수, 쌀과자 등을 그 대안으로 내놓고 있지만, 실제로 막걸리를 비롯해 국수나 과자에 사용되는 쌀은 모두 값싼 수입산이다. 무작정 쌀 소비를 늘일 대책이 아니라 국산 쌀 소비를 늘일 대책이 필요한데, 어째서 이런 기본적인 원리조차도 이해를 못할까?

6

피노키오도
깜짝 놀란 그녀의 콧대

화장의 기원에는 여러 가지 설이 있다. 그런데 이 설들을 조금 더 찬찬히 살펴보면 그 내용이 서로 그리 다르지 않다. 가령 아름다워지고 싶은 본능에서 화장을 한다는 미화설과 자신의 용맹이나 장점을 보이기 위해서라는 장식설은 얼마나 다른가? 또 아름다워지고 싶은 본능과 이성에게 매력적으로 보이고자 하는 본능 사이에는 얼마나 차이가 있을까?

 텔레비전의 다큐멘터리 프로그램을 보면 얼굴을 화려한 색의 물감으로 장식한 원시 부족들이 나온다. 그들의 장식은 아름다워지기 위한 것일까, 장식을 위한 것일까? 실은 이런 식의 구분이야말로 이른바 문명인들의 특징이 아닐까 싶기도 한다. 아무튼 문명인이라고 자처하는 우리가 보기에 그늘의 모습은 때로 색다르다 못해 기괴하다는 느낌마저 든다. 색칠뿐 아니라 신체 일부에 문신Tatoo을 하거나 일부러 칼자국Scar을 내는 행위를 보면 더 그러한 느낌이 든다. 그렇다면 원시 부족들에게는 아름다움에 대한 감각이나 인식이 없는 것일까? 물론 아니다. 그들과 우리는 단지 미美에 대한 관념이나 기준이 서로 다를 뿐이다. 그런데도 우리는 문명인이라고 자처하기 시작한 그때부터 오만해져서 모든 것을 우리의 기준으로 평가하려

든다. 이런 버릇은 서구인들이 아시아, 아프리카, 아메리카를 폭력으로 정복하면서 가진 나쁜 버릇인데, 그들의 지배를 받던 우리 또한 언제부터인가 그들을 답습하고 있다.

화장의 역사는 동시에 성형의 역사이기도 하다. 아마 여기에 문신도 포함시켜야 할 것이다. 그렇다면 인류는 언제부터 성형을 했을까? 이 이야기를 시작하기 전에 먼저 성형의 개념부터 생각해 보아야겠다. 성형에는 두 가지 개념이 있는데, 바로 '재건 성형'과 '미용 성형'이다. 재건 성형은 사고 등 불가피한 사정 때문에 비정상적으로 손상된 신체 부위를 정상으로 복구시키는 것을 의미한다. 이에 반해 미용 성형은 정상적인 신체 상태에서 미적으로 더욱 아름답게 만들기 위한 성형 행위를 의미한다.

우리가 성형이라고 말할 때는 후자를 가리키는 것이 보통이지만, 역사적으로 볼 때 성형의 시작은 재건 성형부터라고 보는 것이 정설이다. 성형외과를 뜻하는 'plastic surgery' 중 '플라스틱plastic'은 "형태를 만든다."는 의미의 그리스어 '플라스티코스plasticos'에서 유래했다. 당시의 성형 의사들은 '미용 의사beauty doctor'라고 불리던 사람들로부터 자신들을 구별하기 위해 '성형외과 의사plastic surgeon'라는 용어를 선택했고, 자신들의 시술을 '외모featural' '미beauty' '미용cosmetic' '심미aesthetic' 외과라고 불리던 행위들로부터 구별하기 위해서 성형외과라는 포괄적인 용어를 사용했다.

성형에 관한 가장 오래된 기록으로는 기원전 3000년경에 이집트에서 코뼈나 턱 골절을 치료하기 위한 성형 수술을 했다는 기록이 있다. 그 시대에 미신이나 주문이 아닌, 도구를 이용한 시술을 했다는 것은 매우 드문 일이다. 그러나 당시의 기술이 구체적으로 어떤 것이었는지는 확인하기 어렵다.

보다 본격적인 성형 수술의 기록으로는 기원전 5세기경 인도에서 이마의 피부를 이용해 잘린 코를 복원한 성형 수술의 기록이 있다. 많은 성형 외과의들은 이것을 성형 수술의 기원으로 꼽는다. 중국에서도 기원전 3세기경 진시황 시대에 언청이를 수술로 치료했다는 기록이 전해진다. 동양의 성형외과 기술이 유럽으로 전해진 것은 알렉산더 대왕의 동방 원정에 의해서였다.

성형 수술의 역사가 코에서 시작됐다는 사실은 매우 의미심장하다. 영화 〈미녀는 괴로워〉에서 여주인공을 성형 수술한 의사는 왜 "코만 다시 하자."고 그랬을까? 코가 얼굴의 가운데에 있고, 그래서 외모에 대한 인상을 결정짓는 가장 중요한 부위이기 때문이다.

미용 성형의 역사도 재건 성형의 역사 못지않게 오래됐다. 실은 고대로 거슬러 올라갈수록 미용 성형과 재건 성형의 구분이 그다지 명확하지 않다고 말하는 편이 정확할 것이다. 그런데 오늘날 성형이라는 말이 흔히 "칼을 댄다."는 말로 비유되는 것과 달리, 최초의 미용 성형은 일반적으로 칼을 사용하지 않았다는 점에서 재건 성형과 구분할 수 있다. 다만 그것이 미용의 이유였는지 그보다는 오히려 주술의 이유가 더 강했는지는 분명치 않다. 아무튼 이러한 미용 성형의 예는 지금도 아시아나 아프리카의 소수 종족들에서 찾아볼 수 있다. 가령 이디오피아 수르마족이 입술에 쟁반을 끼워 넣는 것이나 미얀마 산간 부족이 목에 금속 링을 걸어 기린처럼 길게 만드는 것 등이 그렇다. 중국 여성들의 '전족纏足'도 마찬가지다.

이러한 예들을 보면, 미를 위하여 신체를 훼손하는 이러한 풍습들이 매우 엽기적이고 야만적인 것으로 보일 것이다. 그러나 고대의 유골을 보면 우리 조상들도 어린아이가 태어나면 돌로 머리를 눌러 납작하게 하는 '편두偏頭' 풍습이 있었다. 한국에서 가장 오래된 성형 시술 기록은 가야 시대로 거슬러 올라간다. 중국의 역사서 《삼국지 위지 동이전》의 기록에 따르면 "가야인들은 아기가 태어나면 돌로 머리를 눌러 납작하게 했다."고 한다. 경상남도 김해시 예안리에서 발견된 가야인들의 집단 무덤에서는 같은 시대 가야인들과는 달리 얼굴 폭이 좁고 미간에서 정수리까지의 길이가 짧은 특이한 인골들이 발견됐다. 물론 이러한 편두 풍습도 우리나라만이 아니라 세계의 여러 다양한 지역들에서 발견된다.

근대에 와서 성형 기술이 획기적으로 발전하게 된 결정적 요인은 다름 아닌 전쟁이었다. 나폴레옹 전쟁에서 제1차 세계대전에 이르는 기간에는 지구상의 어디에서든 단 하루도 전쟁이 끊이지 않았다. 전쟁은 대규모 사상자를 낳았고 발달된 화약 무기로 인해 많은 안면 부상자들이 속출했다. 물론 그들이 입은 것이 어찌 외상만이겠는가?

당시 의사들은 안면 부상이 환자들에게 미치는 심리적 충격에 주

아름다움의 기준은 무엇일까? 그것은 자기를 위한 것일까, 타인을 위한 것일까? 어쩌면 화장과 성형의 기원은 아름다워지고 싶은 본능도, 이성에게 잘 보이고 싶은 본능도 아닌 지배와 복종의 상징일지도 모르겠다. 이디오피아 남서부 지방에 사는 수르마족에 의해 아직도 행해지고 있는 쟁반 입술의 풍습은 호전적인 남성 부족원에 대한 여성 부족원의 복종의 표시로, 성년기 여자 아이의 입술을 찢어 그 사이에 쟁반을 끼운다. 이 쟁반의 크기는 처음엔 작으나 점차 큰 것으로 갈아 끼우는데, 쟁반의 크기가 클수록 남편이 지불하는 지참금의 규모도 커지기 때문에 수르마족 여성들은 엄청난 고통을 감수하며 입술에 끼우는 쟁반의 크기를 키우도록 강요받는다.

목했고, 부상으로부터의 기능적 회복 못지않게 미용적 회복이 매우 중요한 문제임을 인식하게 되었다. 외모의 회복은 병사들로 하여금 사회로 돌아가 경제 활동을 하고 수입을 얻는 데에도 중요한 역할을 한다는 것을 깨달은 것이다. 이들에게 재건 성형과 미용 성형의 구분은 그다지 의미가 없었다.

제1차 세계대전을 계기로 성형외과는 양적으로나 기술적으로 크게 발전했고, 전장에서 돌아온 의사들은 성형외과를 독립된 전공과목으로 만들기 위해 노력하기 시작했다. 미국에서 최초의 성형외과 의사협회가 설립된 것은 1921년이었다. 우연인지 필연인지 같은 해 미국에서 처음으로 미스 아메리카 선발 대회가 열렸다. 요즘은 여성을 상품화한다는 비판을 받아 공중파 방송국에서는 중계방송도 하지 않지만, 여성들의 자기표현이 억압 받던 시절에 미인 대회는 여성들의 인권을 나타내는 표현의 수단이었다. 어떤 사실이나 사건의 역사적 의미는 고정된 것이 아니라 시대에 따라 달라진다는 것을 보여 주는 예이다.

요즘은 여성 연예인들이 성형 사실을 떳떳하게 밝히는 모습을 자주 본다. 그러나 불과 얼마 전까지만 해도 성형 사실은 숨겨야 할 금기 가운데 하나로 취급되었다. 도대체 그 이유는 무엇일까? 미용 성형에 대해 부정적인 견해를 가진 사람들은 그것을 '자연'의 질서를 거스르는 '인위'라는 이유에서 반대한다. 가령 "부모님이 물려주신" 얼굴에 칼을 대는 행위라는 것이다. 우리 사회에서는 이러한 생각이

유교적 관습과 무관하지 않는 것 같다. 그러나 서양에서도 많은 사람들이 성형을 "신이 주신" 외모를 고치는 행위로 보고 반대한다. 요컨대 성형에 대한 부정적인 인식은 동서양을 막론한다는 것이다. 하지만 우리는 어차피 자연이 아니라 인위의 세계에서 살고 있지 않은가? 성형에 반대하는 이들 가운데는 단지 미용 성형에 반대할 뿐 치료 목적의 재건 성형에는 반대하지 않는다는 이들도 많다.

불과 500년 전에 코가 잘린 환자에게 성형 수술을 해준 이탈리아 외과 의사 가스파로 타글리아코치Gasparo Tagliacozzi는 신의 뜻을 거역했다는 이유로 교회에 의해 무덤이 파헤쳐지는 징벌을 당했다. 미용 성형을 하는 것이 주로 여성들이라는 점을 고려하면, 성형에 대한 비판의 밑바닥에는 스스로 의식하든 아니든 간에 여성에 대한 편견이나 차별 의식이 잠재해 있는 것은 아닐까?

물론 팝 스타 마이클 잭슨의 경우처럼 성형으로 인한 부작용이나 심지어 성형 중독의 폐해를 보여 주는 예도 많다. 굳이 마이클 잭슨 이야기까지 꺼낼 필요도 없을 것 같다. 우리나라에서 사회적 이슈가 된 사건 가운데 이른바 '선풍기 아줌마' 사건이 있다. 얼마 전 선풍기 아줌마가 그토록 성형에 집착한 원인에 대해 학술적인 연구가 발표됐다. 이 연구에 의하면, 선풍기 아줌마가 중독 증세를 보일 정도로 성형을 반복한 이유가 흔히들 생각하는 허영심이나 정신이상 때문이 아니라 자신감을 되찾고 외모가 경쟁력이라는 압박을 피하고자 하는 평범한 욕구에서 비롯됐다고 한다. 외모가 아니라 자신감, 자존감이 문제라는 이야기다.

성형을 자본주의 사회의 낭비적 속성을 보여 주는 증거로 생각하는 이들도 적지 않다. 미국의 시사 신문 〈라이프Life〉에 의하면 제2차 세계대전 이후 미국 여성들이 화장품, 각종 미용 상품과 서비스, 다이어트 도구에 매년 25억 달러를 소비했는데 이는 이탈리아의 1년 예산과 맞먹는 수치라고 한다.

다른 한편으로 성형에 대한 부정적 인식들이 사라지고 있는 현상도 보인다. 여성 연예인들이 성형 사실을 떳떳하게 밝히는 것도 그 한 예지만, 최근 들어서는 미용 성형이 여성의 전유물이라는 고정관념도 변화하고 있다는 것도 또 다른 예다. 미국의 경우 전체 미용

《마지막 잎새》《크리스마스 선물》 등으로 유명한 미국의 작가 O. 헨리의 작품 가운데 《20년 후》라는 단편이 있다. 이 작품에서 한 친구는 말한다. "20년이 어떻게 평범한 코를 매부리코로 바꿀 수 있나?", 그러자 다른 친구를 대신해 그를 체포하러 온 형사는 이렇게 답한다. "20년이 코를 바꾸지는 못하지만 착한 사람을 나쁜 사람으로 만들기는 하지." 이야기가 궁금하면 직접 읽어 보시라.

성형 수술 환자 가운데 남성의 비율이 이미 4분의 1을 넘어섰다고
한다. 우리 주변에서도 성형을 한 젊은 남성들을 자주 본다. 남성이
든 여성이든 성형한 후에 취업이나 승진, 보수 등에서 더 많은 기회
가 주어진다고 생각하기 때문이다. 이에 대해서도 우리 사회가 지
나치게 외모 지상주의로 가고 있다는 비판도 적지 않다. 아마 잘못
된 지적만은 아닐 것이다. 또한 우리 사회의 성형 붐이 실은 일부 성
형외과 의사들의 상술에 불과하다는 비판도 전혀 틀린 말은 아니
다. 그러나 여기서 수요가 공급을 창출하는가, 반대로 공급이 수요
를 창출하는가 하는 식의 경제학적 토론은 말자. 남성이든 여성이
든 행복은 자신이 진정으로 원하는 것을 선택할 때 오는 법이다.

문신의 기원도 화장이나 성형과 유사한 것으로 짐작된다. 학자들은
문신이 사악한 기운을 물리치는 주술적 기능이나 아름답게 보이고자
하는 목적에서 시술됐을 것으로 본다. 더러는 다른 종족에게 자신의
종족을 표시하거나 종족 내에서 신분을 표시하는 기능이 있었을 것이
라고 생각하기도 한나. 인류 최초의 문신에 대한 승거는 매우 멀리까
지 거슬러 올라가는데, 이탈리아 북부 알프스 산간에서 발견된 청동기
시대의 미이라에서도 여러 개의 문신이 남아 있으며, 구석기 시대의
유적에서도 문신에 사용되었음 직한 도구들이 발견된 바 있다.

문신의 흔적이 더 자주 발견되는 것은 역시 근동 지역으로부터 동
남아시아와 폴리네시아를 거쳐 남아메리카에 이르는 지역이다. 문신
에 해당하는 영어인 'Tatoo'는 남태평양 타히티 사람들의 말인

'Tattaw'에서 왔다는 것이 일반적인 견해이다. 남태평양의 여러 섬들을 항해한 탐험가 제임스 쿡 선장의 기록을 보면, 동물의 뼈로 만든 작은 도구들로 몸을 찍거나 뚫어 흠집을 내고 거기에 기름기가 있는 땅콩 따위를 태운 연기를 이용해서 만든 진청색 또는 검정색 염료를 넣는 방법을 원주민들이 'Tattaw'라고 불렀다는 내용이 있다.

요즘은 반드시 그렇지도 않지만 오랫동안 성형이 여성들의 것이라면 문신은 남성들, 특히 범죄 집단의 것으로 생각되어 왔다. 야쿠자라 불리는 일본의 조직 폭력배들이 문신을 하는 이유에 대해서는 과거에 범죄자들에게 징벌의 표시로 문신을 새겼던 데서 유래한다는 설, 조직의 우두머리에게 충성을 맹세하는 증표라는 설, 인내심을 과시하기 위해서라는 설, 싸울 상대에게 위협을 주기 위해서라는 설 등이 있다.

진짜 이유는 아마 이런 이유들 모두가 섞여 있는 것이 아닐까 싶다. 물론 요즘은 범죄자들만 문신을 하는 것이 아니라 운동선수나, 연예인, 심지어는 평범한 사람들도 적지 않게 문신을 한다. 스스로 만족한다면 문신도 무조건 나쁘다고 주장할 수는 없다. 일본에서는 문신을 예술 작업으로 다루는 작가들도 있다고 한다. 어떤 경우에는 문신이 정말 예술 작품처럼 아름답게 보일 때도 있다. 그러나 지금 젊고 탄력 있는 피부일 때나 그것이 아름답게 보이지, 과연 나이 들어 쭈글쭈글해진 피부에도 그것이 아름다울까? 구겨 내버린 휴지의 낙서처럼 보이지는 않을까?

화장과 문신이 다른 점은? 화장은 마음에 안 들면 언제든지 지워 버릴 수 있지만 문신은 그렇지 않다는 것이다. 예전에 유행했던 대중가요의 가사 가운데는 "사랑을 쓰려거든 연필로 쓰세요."라는 말이 있었다. 굳이 사랑이 아니더라도 인생에는 할 수만 있다면 지워 버리고 싶은 순간이 많지만, 또 그럴 수 없는 것이 바로 인생이다. 지금이 아니라 먼 훗날 언젠가는 지워 버리고 싶을지도 모를 선택이라면 아예 하지 않는 것이 현명하다.

7

빌딩의 높이가
치솟는 순간,
주가는 폭락한다

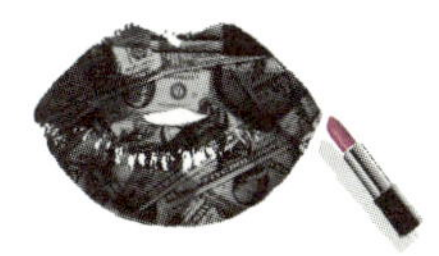

2010년 1월 4일, 드디어 세계에서 가장 높은 빌딩인 '부르즈 칼리파Burj Khalifa'가 세계인의 주목을 받으며 공개됐다. '부르즈 칼리파'는 총 162층에 828미터 높이의 빌딩으로, 508미터의 높이를 자랑하던 현존하는 최고 빌딩인 대만의 '타이베이101'보다 무려 320미터 더 높은 것이다. 이 빌딩을 건설하는 데 들어간 비용은 총 15억 달러이며, 빌딩 안에는 호화 아파트와 사무실, 호텔, 4개의 수영장, 도서관 등이 들어섰다.

원래 '부르즈 두바이'로 알려졌던 빌딩의 이름이 '부르즈 칼리파'로 변경됐는데 여기에는 특별한 사연이 있다고 한다. 아랍에미리트UAE 두바이 통치자인 세이크 모하메드Sheikh Mohammad는 "오늘 UAE는 인류 최고 높이의 건물을 갖게 됐다."며 "이 위대한 프로젝트에 위대한 인물의 이름을 붙이는 것이 합당하다."고 말했다.

칼리파는 UAE의 현 대통령 이름인 세이크 칼리파 빈 자에드 알 나흐얀Khalifa bin Zayed bin Sultan Al Nahyan에서 따왔고, '부르즈Burj'는 탑이라는 뜻의 현지어다. 시행사와 두바이 정부는 빌딩 이름 변경에 대해 별다른 언급이 없었지만, 2009년 11월 두바이 최대 국영 기업인 '두바이 월드'가 채무 상환 유예를 선언한 것과 무관치 않다는 분석이다. 두바이가 UAE의 맏형인 아부다비 Abu Dhabi 로부터 250억 달러를 지원받은 상황을 고려할 때 이번 명칭 변경은 아부다비 통치자이기도 한 UAE 대통령에게 경의를 표하기 위한 차원이라는 것이다.

부르즈 칼리파에 관한 여러 기사들 가운데서도 특히 눈에 띄는 것은 두바이가 2009년에 채무 불이행에 가까운 경제 위기를 맞았다는 것이다. 이 기사는 많은 이들을 어리둥절하게 했는데, 최근까지도 두바이라면 사막에서 기적을 이룬 성공담으로만 알려져 있었기 때문이다. 그런데 알고 보니 세계의 금융 허브니 물류와 항공 중심지니 관광 천국이니 하는 말들은 모두 잘못됐거나 과장됐다는 것이

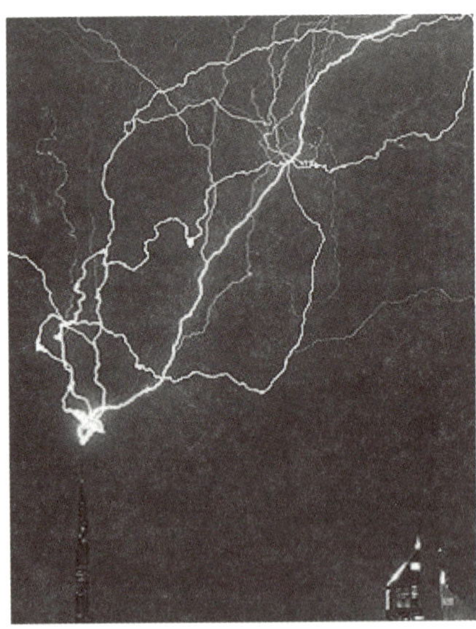

세계 최고층 빌딩인 부르즈 칼리파 위로 번개가 떨어지고 있다. 사막이라 폭우가 드문 두바이에서는 매우 진귀한 장면이다. 어떤 이들은 교회 지붕에 왜 피뢰침이 필요하냐고 비꼬기도 한다. 하지만 바로 그래서 조물주가 위대하다는 것이다. 번개를 만드시고, 그것을 피할 방법까지 알려 주시지 않으셨는가 말이다.

다. 그 실상을 알고 보니 빚을 내서 건물을 지을 정도였으니 거품도 이런 거품이 없다. 그렇다면 그동안 "두바이를 본받아야 한다."느니, "두바이에 갔다가 환대를 받았다."느니, "삽질로 한국의 두바이를 만들겠다."고 했던 분들은 모두 지금 어디서 무엇을 하고 있는지?

경기가 나쁠수록, 정확하게 말하자면 불경기라기보다는 경제에 거품이 많을수록 더 발기한다는 속설이 있다. 여기서 발기는 무슨 '19금' 이야기를 하자는 것이 아니라, 고층 빌딩이 많이 들어선다는 뜻이다. 이를 '발기 지수erection index'라고, 경제의 거품에 비례해 초고층 빌딩을 짓고자 하는 인간의 욕망도 커진다는 의미인데, 물론 웃자고 만든 말이다. 이 말인즉슨 초고층 빌딩을 짓는 지역에서는 거품 붕괴와 같은 경제 위기가 발생할 가능성이 크다. 발기 지수의 근원을 찾아보면 1930년대 대공황 직전의 미국 뉴욕으로 거슬러 올라간다.

1930년, 당시로서는 세계 최고 높이였던 319미터에 달하는 크라이슬러 빌딩이 완공됐다. 그러나 이 빌딩은 불과 1년 만에 그 영예를 엠파이어스테이트 빌딩에 넘겨줘야 했다. 엠파이어스테이트 빌딩은 지상 102층, 높이는 381미터에 달했다. 당시 이 빌딩의 건축 감독관이던 존 라스콥John J. Raskob은 "이 건물은 인간이 걸어서 하늘에 이를 수 있는 땅을 상징한다."고 큰소리를 치기도 했다. 두 건물 모두 대공황이 일어나기 직전에 착공했으며, 완공과 함께 대공황에 직면했다.

1970년대 중반에는 뉴욕에 세계무역센터WTC가, 시카고에 시어스 타워Sears Tower가 각각 완공됐지만 곧바로 오일 쇼크에 따른 경제 위기가 불어 닥쳤다. 가까운 일본에 1990년대의 거품 경제bubble economy가 부동산 시장에서부터 나타났던 것이 좋은 예다. 다른 예를 들자면 외환위기가 동아시아를 덮칠 당시 이 지역에는 초고층 빌딩 건설 붐이 한창이었는데, 당시로서는 세계 최고층 빌딩이었던 말레이시아 쿠알라룸푸르의 페트로나스 트윈타워Petronas Twin Tower도 그 가운데 하나다.

아직 동아시아의 외환위기가 진행 중이던 지난 1999년, 경제학자 앤드루 로렌스Andrew Lawrence는 엠파이어스테이트 빌딩부터 최근 동남아시아의 건축 붐까지 100여 년의 역사를 조사한 끝에, 초고층 빌딩 건축 붐이 거품 경제를 불러오는 이러한 현상에 대해 '마천루의 저주skyscraper index'라고 이름 붙였다. 그런데 경제학적으로 보면 마천루의 저주는 단순히 우연한 현상이 아니다. 초고층 빌딩 건축과 같은 대형 프로젝트는 천문학적인 비용이 들어가게 마련이고, 따라서 대체로 통화 정책이 완화되는 시기에 시작된다. 통화 정책이 완화되면 시중에 유동성이 풍부해져 상업 시설에 대한 투자도 더 활발하게 이뤄진다. 그러나 초고층 빌딩이 완공될 시점에서는 경기 과열이 정점에 이르고, 결국 거품이 터지면서 대규모의 경제 불황을 맞게 되는 것이다.

'왜 하늘 높이 빌딩을 지으려는 것일까?' '왜 고층 빌딩을 짓는가?' 하는 질문은 '인간은 왜 집을 짓는가?' 하는 질문과는 의미가 다르다. 우리가 집을 짓는 이유는 보다 행복하고 편안한 삶을 누리기 위해서다. 그러나 왜 그 집이 그토록 높아져야 하는가? 뉴욕의 맨해튼이나 도쿄의 긴자 같이 땅값이 비싼 곳에서는 고층 빌딩을 짓는 이유가 어느 정도 이해되기도 한다. 하지만 그렇다고 저렇게까지 높아야 하는 것일까?

어떤 이들은 현대의 마천루를 《성경》에 나오는 '바벨탑'에 비유하기도 한다. 현대의 바벨탑은 인간들의 오만과 탐욕을 상징한다. 실제로 부르즈 칼리파는 바벨탑을 연상시키는 디자인을 가지고 있고, 크라이슬러 빌딩과 엠파이어스테이트 빌딩은 자동차 산업의 경쟁자인 크라이슬러와 제너럴 모터스의 경쟁심에서 나왔다. 엠파이어스테이트 빌딩을 지은 라스콥은 제너럴 모터스의 재무 담당자였다.

대공황이 터지기 불과 며칠 전에 라스콥은 "이제 우리 모두 새로운 부자가 되어야 한다."라는 유명한 연설을 했다. 그들이 말했던 성장 계획은 웬만한 호황이 몇 년씩 지속되지 않는 한 불가능한 계획이었다. 하지만 성장의 달콤한 약속에 마취된 국민들은 누구도 그것을 의심하지 않았다. 며칠 뒤 다우 지수는 역대 최고까지 치솟았으나 그것이 끝이었다.

1929년 10월 24일, 뉴욕 증권이 폭락했고 다우 지수는 41까지 하락했다. 투자자들은 원금의 90퍼센트를 날렸다. "창문 하나마다 한 사람씩 떨어진다."느니, 호텔 종업원들이 손님들에게 "주무실 겁니까, 뛰어내리실 겁니까?" 하고 물었다느니 하는 끔찍한 농담이 나올 만큼 증권 시장의 충격은 컸다. 창문에서 뛰어내리지 않은 사람들은 그나마 다행이었다고 해야 할지?

엠파이어스테이트 빌딩만 그런 것이 아니다. 많은 기업과 국가는 그들의 경제력을 과시하기 위해 초고층 빌딩을 짓는다. 마천루가 과거에는 미국이 세계 최대 강국임을 과시하는 수단이었던 반면에, 1980년대 이후에는 동아시아의 신흥 공업국들이나 중동의 석유 부국들에서 많이 건축되는 것이 그 적나라한 예이다. 미국은 유럽에, 신흥 공업국들은 선진국에 대고 우리도 이제는·자랑할 것이 있다는 과시욕에 마천루를 짓는 것이다. 문제는 그것을 짓는 데 들어간 천문학적인 비용만큼 수익이 따라오느냐에 있다. 특히 2008년 미국 발 금융 위기로 전 세계가 새로운 경제 위기에 직면하면서 지구촌 곳곳에서 시작됐던 초고층 건물의 건설이 잇달아 중단되고 있다.

대표적인 예는 미주 대륙 최고층 건물의 영예를 노리고 착수했던 미국 시카고의 스파이어 타워 공사가 중단된 것이다. 2012년 완공을 목표로 2007년에 야심차게 착공했던 총 150층에 높이 610미터 규모의 이 빌딩은 예상치 못한 자금난으로 전면 중단됐다. 물론 이것은 아주 작은 예에 불과하다. 외신 보도에 의하면 전 세계적으로 공사가 진행 중이었던 높이 100미터 이상 건물 1,431개 가운데 124개가 경제 위기로 공사를 중단했다고 한다. 특히 금융 위기의 발원지인 미국에서는 203개 초고층 건물 공사 가운데 21개가 공사를 멈

킹콩은 왜 하필이면 엠파이어스테이트 빌딩에 올라갔을까? 당연히 그곳이 가장 높은 곳이기 때문이다. 엠파이어스테이트 빌딩은 1971년 세계무역센터가 생길 때까지 세계에서 가장 높은 건물이었으며, 지금도 뉴욕시의 명소다. 빌딩에는 약 2만 명에 달하는 사람들을 수용할 수 있고 65대의 엘리베이터가 바쁘게 움직인다. 86층과 102층에 전망대가 있어서 시내와 근교를 한눈에 볼 수 있으며, 1951년에 꼭대기에 약 67미터 높이의 텔레비전 안테나가 설치됐다. 건축적으로는 1910~1920년대에 걸쳐 유행한 울워스 고딕 양식을 띠고 있다.

쳤다. 아시아 지역에서도 840개 가운데 84개 공사가 중단됐다. 세계 건설 호황을 주도했던 아랍에미리트 역시 된서리를 맞긴 마찬가지다. 홍콩상하이은행HSBC의 자료에 의하면 아랍에미리트에서 중단된 건설 공사 규모만도 약 750억 달러에 이른다고 한다. 빚더미 속에서 부르즈 칼리파 빌딩이 중단 없이 완공된 것만도 천만다행으로 생각해야 할 판이다.

이러한 사정이 우리나라라고 예외일 수는 없다. 지금 한국에서 짓고 있거나 계획되어 있는 100층 이상의 건축물은 알려진 것만 10곳 이상이며, 50층 내외의 건축물은 헤아리기도 어려울 정도다. 서울의 경우만 해도 여의도 국제금융센터, 용산국제업무지구, 잠실 제2롯데월드 등의 초대형 건축물 공급이 줄을 잇고 있다. 문제는 이 빌딩들이 만족할 만큼의 수요가 존재하느냐는 것이다.

주한 유럽연합 상공회의소 부동산위원회에서 개최한 세미나에서 한 외국 전문가는 현재 3퍼센트인 서울의 공실률이 2013년에는 25퍼센트를 넘어설 것이라고 전망했다. 마천루와는 경우가 다르지만 몇몇 지방자치단체들이 호화판 청사를 지어서 논란이 된 적이 있다. 최근 경기도의 어느 지자체에서는 2조 원짜리 100층 청사를 짓겠다는 계획을 발표했다. 그런데 이 지자체가 지금 떠안고 있는 빚만 700억이라고 하니 인간들의 탐욕이 과연 어디까지일까? 삽질에도 인의예지신仁義禮智信이 있는 법인데, 삽질의 도리를 모르면서 삽을 휘두르는 자들이 너무 많다.

물론 초고층 빌딩이 반드시 부정적인 면만 있는 것은 아니다. 초고층 빌딩은 그 도시와 국가의 건축 기술을 집약적으로 보여 주는 상징물이다. 물론 여기서의 건축 기술에는 공학적인 측면과 디자인의 측면이 모두 포함한다. 외국의 경우 많은 초고층 빌딩들이 그 도시와 국가의 랜드마크로 자리 잡는다. 세계적으로 가장 높다는 빌딩들을 짓고 있는 것은 바로 우리나라 기업이다. 그런데 왜 같은 기업이 우리나라에서는 그런 건물을 짓지 못할까?

8

콘돔 사서 퇴근하는
정 과장의 속내

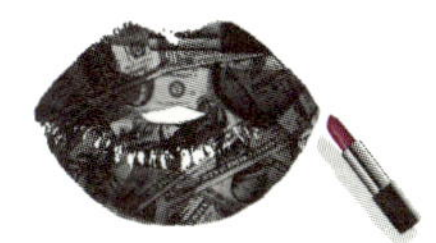

영국 일간지 〈인디펜던트The Independent〉가 선정한 '세상을 바꾼 101가지 발명품' 가운데는 콘돔이 20위에 올라와 있다. 콘돔은 부끄러워해야 할 상품이 아니라, 실은 인류의 삶을 바꾼 획기적인 발명품이라는 것이다.

경제학의 아버지라 불리는 애덤 스미스 이후로 많은 경제학자들이 나타나는데, 그 가운데 한 사람이 바로 토머스 맬서스Thomas Robert Malthus다. 물론 맬서스라고 하면 누군지 의아한 분들도 있을 것이다. 그러나 《인구론》의 저자라고 하면 몇몇은 "아하!"하고 고개를 끄덕일 것이다. 중·고등학교 사회 시간에 한 번은 들어봤음 직한, "식량은 산술급수적으로 증가하지만 인구는 기하급수적으로 증가한다."는 말을 한 사람이 바로 맬서스다.

맬서스는 인류의 미래를 매우 암담한 것으로 전망했다. 그의 말에 의하면 식량은 '1, 2, 3, 4, 5…'로 늘어나는데 인구는 '1, 2, 4, 8, 16…'과 같이 늘어나기 때문에 결국 인류는 기아와 빈곤으로 죽어갈 것이고, 식량을 차지하기 위한 범죄와 전쟁이 끊이지 않는 비참한 미래가 올 것이었다. 그러나 불과 200년도 안 되어서 맬서스의 비관적 전망은 틀린 것으로 밝혀졌다. 인류는 과거보다도 훨씬 풍족한 삶을 누리게 됐는데, 그 이유는 농업기술의 진보로 더 많은 식량을 생산할 수 있게 되었기 때문이고, 또 하나는 안전하고 저렴한 피임 방법이 널리 보급되었기 때문이다. 특히 모든 피임 방법 가운데 가장 간편하고 비용이 적게 들며 안전해서 가장 널리 사용되고 있는 것이 바로 콘돔이다.

콘돔의 기원에 관한 정확한 기록은 없지만, 기원전 1000년경에 만들어진 이집트 벽화에도 등장한다고 하니 그 역사가 상당히 오래된 것만은 틀림없다. 고대의 콘돔은 돼지나 양의 창자, 방광을 이용해 만들었는데, 오늘날과 같은 피임의 목적보다는 남성의 성기를 벌레 등으로부터 지키기 위한 속옷의 일종으로 착용했다고 한다. 동서양을 막론하고 근대 이전까지의 콘돔은 재료를 구하기도 쉽지 않고 12시간 이상의 생산 과정을 거쳐야 하는 희귀 제품이었다. 우리나라에서도 조선 시대에는 창호지나 비단을 사용했다는 이야기가 남아 있다. 생고무에 유황을 섞어 탄력성 있게 만든 가황고무를 사용함으로써 콘돔의 대량생산이 가능해진 것은 1844년이고, 천연고무인 라텍스를 사용하기 시작한 것은 1880년대에 들어와서부터다.

불황일수록 콘돔이 많이 팔린다는 속설이 있다. 그 이유를 굳이 말로 설명해야 할까? 불황일수록 야한 속옷이 많이 팔린다는 것과 같은 이치로, 불황일수록 외출을 줄이고 애인이나 배우자와 집에서 지내는 시간이 많아진다는 것이다. 애들은 가라! 그렇다면 이 속설은 과연 정말일까? 대한산부인과의사회의 조사를 인용한 어느 신문 기사를 보니, 우리나라의 불경기가 시작된 2008년 하반기에 콘돔 판매량이 상반기에 비해 19퍼센트의 증가율을 보였다고 한다.

그러나 여기에도 함정이 있다. 그것은 우리 경제가 2008년 하반기 들어 갑자기 나빠지기 시작한 것은 아니며, 특히 콘돔 판매량이 급증할 만큼 악화된 것은 더더욱 아니라는 사실이다. 대부분의 사람들은 "요즘 경제가 어렵다더라."는 식의 막연한 인상만 가지고 있을 뿐 경기 동향에 관한 정확한 자료를 가지고 있지는 못하다. 따라서 불황 때문에 2008년 하반기 콘돔 판매량이 크게 늘었다고 이야기하면 곧바로 '불황=콘돔'이라는 관계를 믿어 버리기 십상인 것이다. 실제로 업계에서 일하는 이들의 말을 들어 보면 불황일수록 콘돔이 많이 팔린다는 속설에 대해 별로 그렇지 않다는 답변이 대부분이다.

불황이라서 외출을 줄이다 보면 집에서 애인이나 배우자와 함께하는 시간이 늘어날 수도 있지만, 반대로 외출이 줄다 보면 청춘 남녀의 데이트도 줄어들 수 있기 때문이다. 외국에서는 나이가 차면 미혼이라도 독립하는 것이 당연시되지만 우리나라의 경우에는 나이가 들어도 대부분의 미혼 남녀가 부모와 함께 생활하는 것이 보통이므로 청춘 남녀가 피임 기구를 사용할 기회를 얻기도 그리 쉽지 않은 것이다.

잠시 중국에서 지낼 때 특별히 눈에 띈 일 가운데 하나가 바로 공공장소에서도 애정 표현이 매우 노골적이라는 사실이었다. 나는 그 이유를 중국이 사회주의 국가여서 여성들의 인권이 높아 보다 자유롭게 표현을 하기 때문이라고 해석했다. 그러자 나보다 오래 중국에서 생활한 어느 분이 중국인들은 다른 사람의 일에 별로 개의치 않는 편이고 다른 사람의 눈을 의식하지도 않기 때문이라고 설명했다. 마지막으로 우리 중에서 중국에 가장 오래 계신 분의 결론은 청춘 남녀가 열정(?)을 해소할 곳이 없기 때문이라는 것이었다. 중국에서는 부부가 아닌 남녀가 숙박업소에 묵으면 처벌받는다. 게다가 학교나 직장에서는 대부분 기숙사에서 공동생활을 한다. 그러니 청춘 남녀가 길거리에서 애정 행각을 벌일 수밖에 없다는 것이다.

이렇듯 속설이 별로 맞지 않는다면 콘돔 업체들의 매출액 증가는 무엇 때문일까? 실은 콘돔의 국내 판매율보다 수출량이 크게 늘었기 때문이다. 놀랍게도 세계 콘돔 시장에서 우리나라의 점유율이 1위라고 한다. 콘돔의 세계시장 규모는 연간 약 80억 개로 가격으로는 1조 1,000억 원 규모이다. 콘돔 시장은 공공 시장과 상용 시장으로 구분되는데, 공공 시장이란 세계보건기구와 같은 국제기구에 의한 구매를 의미한다. 공공 시장의 규모는 약 20억 개인데 한국 기업들이 30퍼센트 이상을 공급함으로써 시장 점유율 1위를 차지하고 있다.

약 60억 개를 소비하는 상용 시장은 주로 미국, 일본, 중국, 인도 등 4대 시장을 중심으로 형성된다. 우리나라의 콘돔 시장은 연간 1

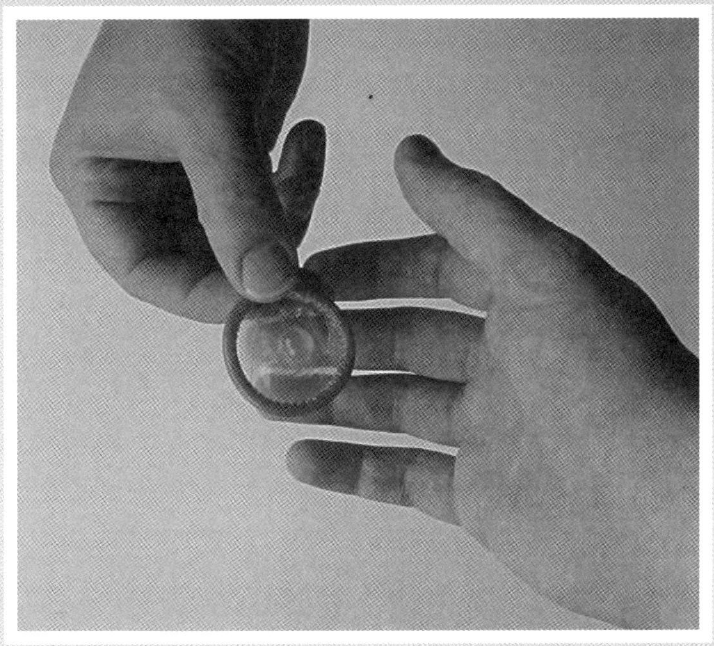

콘돔이 가장 많이 팔리는 날은 1년 중 언제일까? 바로 성탄절이라고 한다. 편의점 업체인 GS25에서 지난 3년간의 콘돔 판매량을 집계한 결과 매년 12월 25일에 가장 많이 팔린 것으로 나타났다. 특히 2009년 12월 25일에는 하루 동안에만 1만 개가 넘게 팔렸다고 한다. 월별로도 역시 성탄절이 낀 12월의 콘돔 판매 지수가 최고치를 기록했고, 그 다음으로는 피서철에 해당하는 8월에 지수가 높게 나타났다. 콘돔뿐 아니라 화투, 카드, 숙취 해소 음료의 판매 지수도 12월에 최고치를 기록했다고 한다. 예수님이 들으시면 뭐라고 하실는지?

억 개, 100억 원 규모인데 국산이 82퍼센트, 수입이 18퍼센트의 비율로 유통되고 있다. 국내 업체들의 생산량은 연간 25억 개 정도인데, 1억 개만 내수 시장에서 판매되고 95퍼센트를 넘는 24억 개가 수출되고 있다. 주요 기업으로는 세계 6위의 유니더스, 세계 10위의 동국물산, 세계 17위의 한국라텍스 등이 있다.

명품 가방에만 짝퉁이 있는 것이 아니라 콘돔에도 짝퉁이 있다면 '설마' 하고 놀랄 분도 많을 것이다. 그러나 콘돔에도 짝퉁이 있다. 지난 2009년 11월 〈중국청년보中國靑年報〉는 무허가 지하 공장에서 생산된 짝퉁 콘돔 216만 개가 중국 전역에서 유통되고 있다고 보도했다. 대부분의 제품은 인터넷으로 판매됐는데, 일부는 해외로 수출되기도 했다고 한다. 이 제품들은 위생 시설을 전혀 갖추지 않은 채 생산되었기 때문에 콘돔을 착용하고 성행위를 할 경우 오히려 질병에 감염될 가능성이 크다고 한다. 짝퉁의 본산인 중국다운 이야기다. 하지만 그렇다고 중국 사람들만 욕할 수는 없는 일이다. 불과 20여 년 전에는 중국이 아니라 우리나라가 짝퉁의 본산으로 외국 기업들로부터 지탄받았다. 지금도 솔직히 아니라는 이야기는 못한다. 동대문이나 남대문 시장에 가면 진짜보다 더 진짜 같은 명품이 수두룩하다는 사실을 모르는 사람이 없을 테니 말이다.

그런데 불황일수록 콘돔이 많이 팔린다는 속설에는 다른 이유도 있다. 기혼 부부들의 경우 불황일수록 양육비 부담이 커지므로 출산을 늦추기 때문에 콘돔 판매량이 증가한다는 것이다. 최근 들어 우리 사회에서는 출산율 저하가 큰 이슈가 되고 있다. 정부나 지방자치단체는 물론 언론과 시민단체들 그리고 심지어는 대학들까지도 나서서 출산율을 높이자고 아우성이다. 그러나 나는 요즘 우리 사회에 불고 있는 출산율 광풍에 그다지 찬성하지 않는 사람이다.

출산 장려 정책을 만들기 이전에 이처럼 온 나라가 들고 나서서 아이를 더 낳자는데 왜 출산율이 높아지지 않는가를 먼저 생각해야 한다는 것이다. 그러나 아무튼 아이를 가지고 싶은데도 불황 때문에 출산을 미룬다는 이야기는 참으로 가슴 아픈 일이다. 하기사 아이 하나를 낳아 대학까지 보내는 데 1억 4,000만 원이 든다니 그 심정이 충분히 이해된다. 그런데 다른 뉴스를 보니 불황 때문에 아예 결혼을 미루는 예비부부들도 많다고 한다. 경제가 어렵다 보니 결혼 비용을 장만하는 일도 예삿일이 아니다. 우리나라에서 결혼하는 데 드는 평균 비용이 1억 7,000만 원이라고 하니, 아이 하나 낳아 결혼까지 시키려면 2억 1,000만 원이 드는 셈이다. 미칠 일이다.

그런데 불황 때문에 결혼이 줄어든다면 이혼은 늘어날까, 줄어들까? 뉴스를 보니 2009년에 우리나라의 결혼은 전해보다 5.4퍼센트 줄어든 반면 이혼은 무려 9.5퍼센트나 늘어났다고 한다. 경제가 어려울수록 이혼이 늘어난다는 이야기는 얼핏 그럴듯하게 들린다. 우선 경제가 어렵다 보니 부부싸움이 잦아진다. 돈 문제, 자식 문제,

밤 자리 문제 말고 부부가 싸울 이유가 무엇 있겠는가? 빚을 지거나 하던 사업이 파산하는 바람에 이혼하는 경우도 많아졌다고 한다. 역시 불황이 문제다.

그러나 2009년에 우리나라의 결혼이 줄고 이혼이 늘어난 데 대해서는 다른 해석도 있다. 우선 결혼이 줄어든 것은 2006년 이른바 '쌍춘년雙春年' 결혼 특수로 인해 결혼 건수가 크게 늘어났다가 연차적으로 정상화되는 과정에서 발생한 일시적 현상일 것이라는 분석이 많다. 이혼 건수 증가 역시 2008년 '이혼숙려기간제'가 도입된 이후 이혼 건수가 급격히 줄어들었던 효과가 반등한 것이라는 지적이다.

미국의 경우에는 불황으로 오히려 이혼이 줄었다는 외신 보도가 있다. 이혼을 하게 되면 우선 주택 구입을 비롯해 생활비가 거의 두 배로 나가게 된다. 누가 지불하든 이혼 수당이나 생활비, 자녀 양육비 등도 부담이 크다. 그래서 많은 부부들이 일단 이 위기부터 넘기고 보자는 생각에 이혼을 심사숙고하게 된다는 것이다. 내게는 이 해석이 더 그럴듯하게 들린다.

출산율을 높이고자 한다면 말로만 외칠 것이 아니라 먼저 저 지긋지긋한 대학입시를 없애고, 경쟁을 위한 교육이 아니라 참인간을 만드는 교육을 하면 된다. 당연히 사교육은 없애야 할 것이며, 나아가서 육아와 교육은 물론 요람에서 무덤까지의 모든 복지를 국가가 보장한다면 출산율이 높아질 것이다. 정부가 돈이 없어서 그렇게는 못한다고? 그럼 정부는 돈 없어서 못하는 일을 가정더러 떠맡으라는 말인가? 정부가 해야 할 일은 하지도 못하면서 가정에만 모든 책임을 전가하는 출산 장려 정책이 과연 무슨 효과가 있겠는가?

9

이 팬티를
청소년에게
팔지 마시오

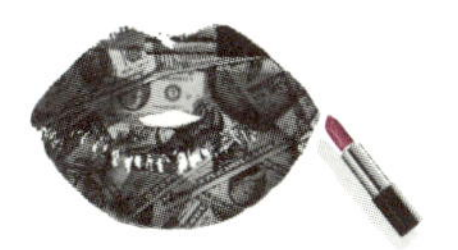

인간과 짐승의 차이는 팬티 한 장이라고 말하는 사람들도 있다. 요즘은 명품 외출복을 걸치고 돌아다니는 강아지들도 많더라마는, 대개의 경우 짐승은 팬티를 입지 않는다. 설령 팬티를 입는다고 강아지가 사람이 될 리가 있는가? 하지만 마찬가지로 인간이 팬티를 벗으면 짐승이 될까?

아마 인간과 짐승의 차이는 팬티 한 장 차이라고 말하는 이들의 생각에는 두 가지 고정관념이 있는 듯하다. 하나는 인간이 성욕을 스스로 조절하거나 억제하지 못한다는 생각이고, 또 하나는 성욕은 나쁜 것이라는 생각이다. 그러나 대개의 보통 사람들이 그렇듯이 성욕을 느끼는 그 자체는 자연스러운 일이며, 팬티를 벗는다고 인간이 성욕의 노예가 되는 것도 아니다.

"불황에는 야한 속옷이 잘 팔린다."는 속설이 있다. 불경기에 외출을 줄이는 대신 남편이나 애인과 집에서 보내는 시간이 늘어나게 되니 여성들이 야한 속옷을 더 자주 입는다는 이야기다. 사랑하는 이에게 예쁘고 멋있게, 섹시하고 엣지 있게 보이기 위해 야한 속옷을 입는다는 이야기는 얼핏 그럴듯하다. 결혼도 안 한 남녀가 왜 속옷 바람으로 함께 있는지는 모르겠지만 말이다. 아무튼 예전에는 속옷이 겉옷

보다 가격이 저렴해 불황일 때 여성들이 찾는 상품으로 불린 것도 사실이다. 그러나 업계 전문가들에 의하면 요즘은 속옷도 패션화, 고급화되는 추세라고 한다. 속옷이 이제는 대충 안에 입는 옷이 아니라 그것만으로도 자신을 표현할 수 있는 패션의 한 부분이 된 것이다.

이처럼 경기와 관계없이 속옷이 인기를 끌면서 홈쇼핑에서는 이혜영, 황신혜, 현영 등 유명 여성 연예인들이 자신의 이름을 내건 속옷 브랜드를 경쟁적으로 내놓고 있다. 일부 제품의 경우 없어서 못 팔 지경이라고 한다. 다양한 이색 속옷들도 잇달아 등장하고 있다. 예전에는 남성 속옷 전문 브랜드로 더 유명했던 '좋은사람들'은 목걸이를 붙인 브래지어를 내놨다. 은빛 액세서리를 브래지어의 장식으로 활용해 목걸이를 착용한 듯한 효과를 주는 것이다.

이런 이색 속옷들 가운데서도 가장 눈길을 끄는 것은 앞면에 장식된 하트가 콘돔 주머니로 디자인돼 '19세 미만 판매 금지' 딱지가 붙어 있다는 콘돔 팬티이다. 남성용과 여성용을 함께 세트로 판매하고 있다고 한다. 도대체 어떻게 생긴 속옷인지 궁금하다. 그렇다고 별로 놀랄 일은 아니라고 생각된다. 솔직히 386세대들은 처음 커플티를 보고 적잖은 충격을 받았다. '저런 것을 입고도 창피하지 않을까?' 싶어서였다. 그런데 전혀 아니더라. 커플티나 커플 팬티나 그게 그거 아닌가.

그렇다면 우리가 팬티나 브래지어 같은 속옷을 입기 시작한 것은 언제부터일까? 서양에서는 대략 기원전 200년경 미노아 문명에

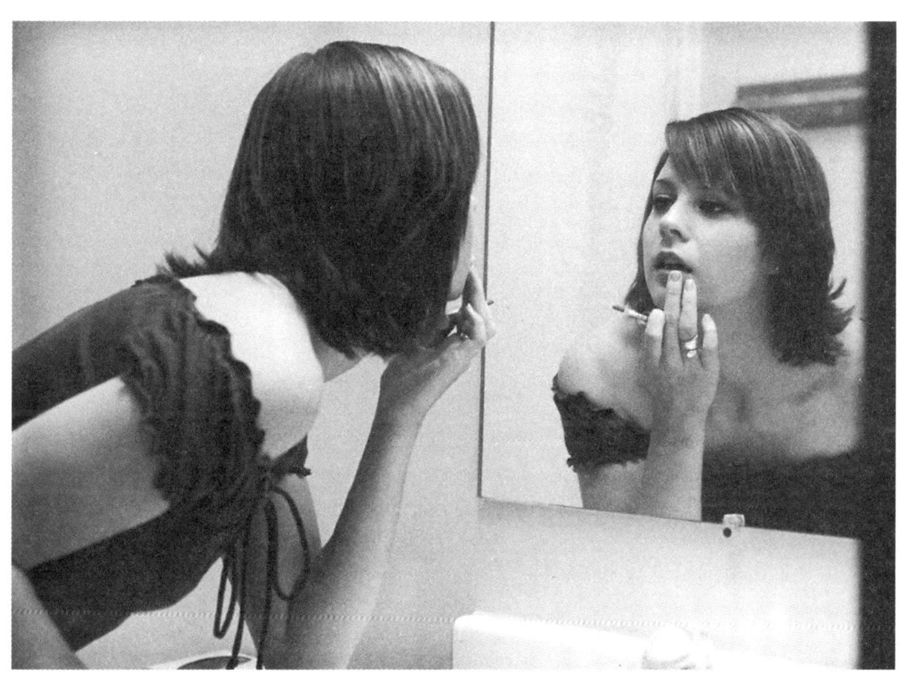

"거울아, 거울아, 이 세상에서 누가 제일 예쁘지?"

남성들에게 잘 보이기 위해 여성들이 야한 속옷을 입는다는 것은 남성들의 착각일 뿐이다. 남자들은 모르지만 여자들은 다 안다. 그들이 야한 속옷을 입는 것은 남편이든 애인이든 다른 누구에게가 아니라 바로 자기 자신에게 보이기 위해서라는 것을.

서부터 코르셋과 유사한 속옷을 입었다고 한다. 이때의 코르셋은 오늘날과 마찬가지로 허리를 조이고 가슴을 강조하기 위해 착용했는데, 색다른 것은 여성들뿐 아니라 남성들도 코르셋을 입었다는 사실이다. 물론 남성들의 경우에는 가슴을 돋보이기 위한 것은 아니고, 허리를 가늘고 길게 보이게 하기 위한 목적이었을 것이다. 그리스와 로마 시대에는 긴 천이나 가죽 밴드로 유방을 고정했는데, 굳이 이야기하자면 이것이 오늘날 브래지어의 원형이라고 할 수 있겠다. 재미있는 것은 속옷을 입는 이유가 과거에나 지금이나 육체를 가리기 위해서라기보다는 반대로 육체의 풍만함이나 관능미를 강조하기 위해서라는 것이다. 기독교적 금욕주의가 지배적이었던 중세에는 속옷의 변화가 거의 없었던 것도 그러한 이유 때문이다.

근대적 의미의 속옷이 나온 것은 르네상스 시대에 와서이다. 화장의 역사에서도 보았듯이 르네상스 시대에는 육체를 죄악시했던 기독교적 관념에서 벗어나 인체의 아름다움을 찬양하는 경향이 있었다. 미켈란젤로의 조각 〈다비드〉는 그러한 시대적 유행을 잘 보여주는 걸작이다. 미켈란젤로가 시스티나 성당의 천장에 〈천지창조〉를 그리면서 《성경》에 나오는 성인들을 성기를 드러낸 벌거벗은 모습으로 그렸더니 교황이 모든 성인들에게 속옷을 입히도록 명령했다는 이야기는 잘 알려진 그대로이다.

근대에 들어와 본격적인 속옷으로서 처음 유행한 것은 코르셋이다. 코르셋으로 허리를 조이고 가슴을 치켜 올려 관능미를 강조하는 유행은 13세기부터 이미 시작됐다. 물론 코르셋이 널리 확산된 것은 15세기 이후 르네상스 시대에 접어들었을 때이다. 아무튼 이 시대 여성들은 가슴과 엉덩이를 과장되게 강조하는 스타일을 즐겼다. 이때에는 아직 요즘과 같은 브래지어는 없었고, 코르셋으로 허리와 배를 조이고 등을 뒤로 젖히도록 해서 가슴이 강조되도록 했다. 코르셋이 특히 유행한 것은 로코코 시대로 불리는 18세기의 유럽 귀족층에서이다. 로코코 시대는 여성의 풍만한 가슴과, 극도로 가느다란 허리, 뒤로 젖혀진 어깨 등을 미의 이상적인 기준으로 생각했다. 이 때문에 상류층 여성들은 어려서부터 코르셋으로 육체를 교정하는 것이 보통이었다. 코르셋의 유행은 귀족들만이 아니었다. 부르주아 bourgeois 라고 불리는 신흥 상공인 계급의 지위가 상승하자 이 신분의 여성들도 귀족들을 흉내 내어 코르셋을 입기 시작했다.

브래지어의 기원도 고대 로마 시대까지 거슬러 올라산나. 기원전 79년에 화산 폭발로 멸망한 폼페이의 벽화에서는 여인들이 얇은 띠를 가슴에 두르고 있는 모습이 발견된다. 이 얇은 띠는 가슴을 가리기 위한 목적보다는 남성들의 시선을 끌기 위한 목적이 더 컸던 것으로 보인다. 상체를 노출한 채 가슴에만 살짝 포인트를 줌으로써 성적 매력을 강조하고 있기 때문이다. 그러나 대부분의 문화권에서는 오랫동안 브래지어가 없었다.

어떤 문화권에서는 아예 가슴을 드러내 놓고 생활했고, 청교도들은 가슴이 큰 것을 수치로 생각해서 가슴을 납작하게 조이는 '보디스Bodice'를 입었다. 17~18세기까지 서양에서는 대체로 코르셋이 브래지어의 기능을 대신했다. 근대적 의미에서 브래지어의 원조라고 할 수 있는 것은 1791년에 나온 '볼스터bolster'인데, 고대의 브래지어와 유사하게 긴 끈으로 가슴을 조이는 형태였다. 그 후 1840년대에 와서 볼스터의 단점을 보완한 '바스트 임프루버bust improver'가 출시되었다. 이때까지 브래지어는 여전히 코르셋과 같은 형태였다.

등이 없는 브래지어가 처음 등장하게 된 것은 1913년이다. 뉴욕에 살던 메리 펠프스 제이콥스Mary Pelps Jacobs라는 여성은 어느 날 무도회에 나가면서 코르셋의 무늬가 드레스 사이로 비치는 것이 못마땅하여 무겁고 거추장스러운 이브닝 코르셋을 벗어버리고 그 대신 두 개의 손수건과 분홍색 리본으로 유방을 에워쌌다. 이 브래지어는 1914년 커레서 크로스비Caresse Crosby라는 이름으로 의장 특허를 받았는데, 이로써 최초의 브래지어로 세상의 인정을 받게 됐다.

유방암 예방과 정기 검진 캠페인에서 핑크 리본을 사용하는 것도 이러한 연유에서 비롯됐다. 즉 핑크 리본은 여성의 가슴을 감싸기 위해 최초로 공인된 물건이라서, 이때부터 유방을 보호하는 상징이 되었던 것이다. '브래지어brassiere'라는 이름은 1907년 미국의 패션 잡지인 〈보그Vogue〉에서 처음 사용되었다. 1935년 워너브

라더스 코르셋 사에서 브래지어의 크기를 A컵에서 D컵까지 구분하기 시작했으며, 컵이 삽입된 브래지어를 처음 만들어 판매한 것은 러시아 출신의 재봉사이자 디자이너였던 아이다 로젠탈Ida Rosenthal이었다.

다른 속옷에 비해 팬티의 역사는 그리 길지 않다. 팬티의 기원은 정확하지 않으나 대체로 두 가지 설이 유력하다. 하나는 여성들이 생리할 때 착용했던 T자 끈에서 유래했다는 것이고, 다른 하나는 프랑스 혁명 이후 여성들의 사회 활동이 많아짐에 따라 승마와 같은 과격한 운동도 즐기게 되면서 팬티를 입게 되었다는 것이다. 그러나 승마용으로 바지나 치마 속에 입었던 반바지 형태의 속옷은 프랑스 혁명 이전부터 있었다고 한다. 물론 이때의 속옷은 무릎까지 내려오는, 팬티라기보다는 속바지에 더 가까운 형태였다. 이 형태의 속옷은 원래 남성들이 입던 것이었으나 18세기 들어와 여성들도 입기 시작했다. 그런데 이 시대의 풍속을 다룬 책들을 보면 여성들이 승마를 하거나 그네를 타면서 일부러 속옷을 입지 않는 경우가 많았다는 보고가 있어 팬티가 널리 유행하지는 않았던 것을 짐작할 수 있다.

팬티가 대중화된 계기는 역시 여성들의 의상이 간소화되고 짧아지면서부터였다. 여성들이 사회 활동에 활발하게 참여하기 시작하면서 로코코 식의 화려하고 장식적인 복장은 점점 간소화되었고, 그만큼 신체가 노출될 위험이 커져 팬티의 착용이 일반화된 것이다. 따라서 팬티의 길이가 점점 짧아진 현상 또한 여성들의 치마 길이가 점점 짧아진 것에 비례해서 나타났으리라는 것을 쉽게 짐작해 볼 수 있다. 팬티라는 이름은 끝이 나팔 모양으로 벌어진 헐렁한 바지를 뜻하는 '판탈롱pantalon'에서 반바지를 의미하는 '팬츠pants'로 변화했다가 다시 팬티가 된 것이다. 우리는 남녀 구분없이 팬티라고 부르는 것이 보통이지만 영어권에서 남성용은 '브리프brief', 여성용은 '팬티스panties' 또는 '니커스knickers'로 구분한다.

최근 한 방송사에서 24시간 브래지어를 한 여성은 브래지어를 하지 않은 여성보다 유방암에 걸릴 확률이 125배나 높다는 보도를 해 '노No 브래지어' 논란을 일으켰다. 그러나 브래지어를 비롯한 여성 속옷의 위해성에 관한 논란은 사실 어제 오늘의 일이 아니다. 대표적인 예가 코르셋인데, 코르셋의 위해성은 빅토리아 시대에 이미 확인됐다고 한다. 당시의 검시관들은 죽은 여성들의 간이 코르셋 때문에 심하게 손상된 것을 확인했으며, 몸의 장기들도 모두 제 위치에서 벗어나 있다고 보고했다. 우리가 잘 아는 동화《백설공주》에서도 왕비가 코르셋으로 공주의 허리를 졸라 죽이는 장면이 있다.

또한 코르셋이 가슴을 계속 위로 밀어 올리는 바람에 임신 중이거나 수유 중인 여성들의 젖꼭지가 변형되어 아이에게 젖을 먹일 수 없었다는 이야기도 전해지고 있다. 당시에는 사망까지는 아니더라도 코르셋이 위와 장기를 압박해 식후에 여성들이 실신하는 일은

자유의 여신은 브래지어를 하지 않는다? 프랑스 혁명 시대의 계몽사상가로 유명한 장 자크 루소는 당시의 대표적인 반反 코르셋 운동가였다. 물론 루소가 코르셋을 반대한 이유는 건강상의 이유보다는 코르셋을 입기 위해서 반드시 하녀의 도움을 받아야 한다는 것, 또한 코르셋을 입고는 아무런 노동도 할 수 없다는 점에서 그것을 특권 계급의 자기과시로 보았기 때문이다.

매우 흔했다고 한다. 이미 이야기한 것처럼 브래지어의 발명도 코르셋과 관련된다.

그 이후에도 한동안 코르셋이 사라진 것은 아니지만, 코르셋의 유행을 결정적으로 후퇴시킨 사건은 바로 프랑스 혁명이다. 혁명이 일어나고 많은 귀족들이 처형당하자 더 이상 아무도 귀족처럼 보이려고 하지 않았기 때문이다. 그로부터 100년도 훨씬 지나 코코 샤넬이 코르셋을 안에 입지 않는 여성복을 디자인했다. 때문에 샤넬이 여성들을 코르셋으로부터 해방시켰다고 이야기하는 사람들도 많다. 어떤 이들은 그것을 인류 역사에서 가장 중요한 '혁명'의 하나라고 부르기까지 한다. 그러나 과연 농부의 딸들이 들에서 일할 때도 코르셋을 입었을까? 과연 샤넬이 누구를 무엇으로부터 해방시켰다는 것일까?

역사는 짧지만 브래지어에 대한 비난도 코르셋에 못지않다. 여성들의 가슴을 조여 맨다는 이유로 브래지어는 여성에 대한 억압의 상징으로 인식되기도 했다. 1960년대 서구의 젊은 여성들은 여성 해방의 상징으로 브래지어를 불태웠다. 이 사건 이후로 사람들이 브래지어 산업의 미래를 걱정하자 아이다 로젠탈은 이렇게 말했다고 한다. "민주주의 사회에서 사람들은 옷을 입거나 벗을 권리가 있다. 그러나 여자는 35세가 지나면 보조 장치를 입지 않을 정도의 몸매를 갖지 못한다. 시간은 내 편이다." 자칫 여성에 대한 폄하로도 들릴 수 있지만, 이 이야기를 한 사람 또한 여성이니 뭐라고 말하기 어렵다. 그러나 최근 우리나라에서의 '노 브래지어' 찬반 논란을 보면, 일부 남성들이 브래지어를 하지 않으면 성범죄가 늘어난다는 식의 주장을 한 것은 참으로 듣기 불편하다.

10

도시락을 싸올지언정 스타벅스는 가야지

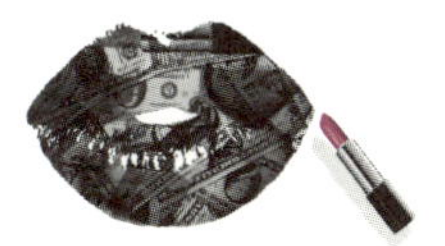

악마처럼 검고 지옥처럼 뜨거우며, 천사처럼 순수하고 사랑처럼 달콤하다는 말이 있다. 무엇을 비유한 이야기일까? 바로 커피다. 불경기에는 커피 전문점 스타벅스의 커피 농도가 옅어진다는 속설이 있다. 그 이유를 짐작하기는 어렵지 않다. 그러나 만약 이것이 사실이라면 스타벅스의 상도덕에 문제가 있는 것 아닌가? 설마 그렇지는 않을 것이다. 상도덕을 떠나 어차피 스타벅스 커피 값에서 원료, 즉 커피 원두가 차지하는 비중은 얼마 되지 않기 때문이다. 설마 불황이라고 전주비빔밥의 고추장이 싱거워지기야 하겠느냐는 말이다.

그런데 얼마 전 불황이 몇 년째 지속되는데도 스타벅스가 가격을 올렸다는 뉴스는 좀 뜻밖이다. 2010년 새해기 들어서지마자 스타버스는 대부분의 상품 가격을 평균 300원씩 인상했다. 그동안 누적된 인상 요인 이야기야 모든 기업들이 가격을 올릴 때마다 하는 똑같은 노래니 굳이 귀담아 들을 필요가 없다. 다만 불경기에는 수요가 줄어들게 되면 기업은 가격을 낮추는 것이 당연한데 스타벅스는 반대의 전략을 취했다. 그들은 경제학을 모르는 것일까, 아니면 어딘가 믿는 구석이 있기 때문일까?

불경기에 스타벅스가 커피 값을 인상한 이유를 경제학적으로 설명해 보겠다. 가격이 오르면 수요가 감소하고 가격이 내리면 수요가 증가하는 것은 일반적인 현상이다. 그러나 문제는 가격이 오르고 내릴 때 수요가 변화하는 정도는 언제나 똑같을까 하는 것이다. 가령 가격은 10퍼센트 인상되었는데 수요는 5퍼센트만 감소했다면 파는 사람 입장에서는 오히려 이익일 수 있다. 경제학에서는 이처럼 가격의 변화에 소비자들이 반응하는 정도를 '탄력성elasticity'이라고 부른다. 가격보다 수요의 변화가 더 크면, 즉 탄력성이 1보다 크면 탄력적이라고 부르고 반대의 경우는 비탄력적이라고 한다. 지금 든 예는 상품의 탄력성이 비탄력적인 경우이다. 반대로 그 상품이 탄력적이라면 가격을 인하하는 것이 판매 수익을 극대화하는 데 더 도움이 될 수도 있다. 일반적으로 판매 수입이 극대화되는 것은 탄력성이 1이 되는 지점이다.

물론 생산량에 따라 비용이 달라지는 문제가 있기 때문에 판매 수입이 극대화되었다고 이윤이 극대화되는 것은 아니다. 그러나 이런저런 문제를 잠시 접어두고 가격을 올려도 수요가 그보다 적은 폭으로 감소한다면 판매자는 불황에도 불구하고, 아니 불황일수록 더욱 가격을 인상시키는 편이 더 이익이라는 것이다. 그렇다면 불경기에 스타벅스가 가격을 인상시킨 이유도 쉽게 이해할 수 있다. 가령 300원 인상이라면 스타벅스에서는 대체로 기본 상품 가격의 10퍼센트 정도이다. 그런데 가격을 10퍼센트 인상시켜도 소비는 그

스타벅스의 상호인 'starbuck'은 허먼 멜빌Herman Melville의 소설 《백경》에 나오는 1등 항해사의 이름이다. 스타벅스의 로고 속 그림은 그리스 신화에 나오는 뱃사람들을 유혹하는 사이렌Siren이다. 누가 봐도 짝퉁인 타 커피 전문점의 상표에 대해 재판부는 짝퉁임이 명백하기 때문에 죄가 아니라고 판결했다. 짝퉁은 진품처럼 속이려는 의도가 있어야 하는데, 여기에는 그런 의도가 없다는 것이다. 영화로도 잘 알려진 미국의 포르노 잡지 출판인 래리 플린트Larry Flynt는 자신을 비난한 목사를 근친상간자로 의심된다고 욕했다가 명예훼손죄로 고발당했다. 그러나 미국의 법원은 플린트에게 무죄를 선고했는데, 그 이유는 누가 봐도 그 목사가 근친상간자가 아니라는 것을 알 수 있으므로 명예훼손죄가 아니라는 것이다. 삼권분립이야말로 민주주의의 최후의 보루라는 것을 실감하게 하는 판결이다. 물론 미국에서만이 아니라 요즘 우리나라에서도.

보다 적은 비율로 감소한다면 스타벅스로서는 충분히 가격을 인상시킬 이유가 되는 것이다. 가격을 올려도 소비자가 줄어들지 않는데 어느 공급자가 그러한 유혹을 느끼지 않겠는가?

어째서 스타벅스의 가격이 올랐는데도 소비는 줄어들지 않을까? 대개 탄력성이 낮은 상품은 식료품과 같은 필수재들이고, 탄력성이 높은 것은 꼭 필요하지는 않은 사치재들이다. 식료품비 지출 비중으로 생활수준을 가늠하는 엥겔계수도 식료품은 필수품이라는 데에서 착안한 개념이다. 그런데 스타벅스의 커피는 필수재가 아니지 않은가? 경기가 나쁠수록 가장 먼저 줄여야 하는 것이 스타벅스에서 마시는 커피처럼 반드시 필요하지도 시급하지도 않은 소비이다. 그런데 뜻밖에도 경기가 나쁠수록 스타벅스는 더욱 붐빈다. 스타벅스뿐 아니라 고급스런 이미지를 내세운 비싼 커피 전문점들은 대개 불황에 구애받지 않고 오히려 붐빈다고 한다. 전문가들은 이것을 '커피 효과'라고 부르는데, '립스틱 효과'와 마찬가지로 불황에 주머니가 얇아져 술이나 비싼 요리를 즐길 수 없는 상황에서 한 잔의 고급 커피로 대리 만족을 추구한다는 것이다. 커피 전문점의 커피 수요는 늘어난 반면, 자판기 커피에 대한 수요는 줄어들고 있다는 것도 커피 효과의 반증이다.

그렇다면 실제로 불황인 요즘, 스타벅스는 더 붐비고 있을까? 한 예로 서울 강남에서 사무실들이 집중되어 있는 곳으로 가장 유명한 테헤란로에는 스타벅스만 16곳이 자리하고 있다. 커피 효과의 이익을 톡톡히 누리고 있는 것은 스타벅스만이 아니다. 서울의 대표적인 사무실 거리인 테헤란로에는 커피빈이 9곳, 자바시티가 3곳, 기타 크고 작은 커피 전문점들까지 모두 합치면 50여 곳에 이른다. 테헤란로 일대에서 팔리는 커피만 하루 평균 5만 잔, 금액으로 환산하면 2억 원 정도라고 하니 커피 한 잔이라고 결코 무시할 수 없다.

우리나라 전체 커피 시장은 매년 20퍼센트 이상 성장하고 있다고 한다. 혹시 이러한 현상은 모든 종류의 음료에서 공통적으로 나타나는 것은 아닐까? 만약 그렇다면 이는 커피 효과가 아니라 '음료 효과'라고 불러야 옳을 것이다. 그러나 업계의 전문가들에 따르면 불황에는 대부분의 음료 판매가 감소한다고 한다. 유독 커피에서만 이런 현상이 나타나는 것이다. 이 때문에 스타벅스와 같은 수입 커피 전문점들만이 아니라 카페베네 등 토종 커피 전문점도 우후죽순 격으로 생겨나고 있으며, 맥도날드 같은 기존의 패스트푸드점이나 던킨 등의 도넛 판매점, 배스킨라빈스 등의 아이스크림 매장도 인테리어를 카페 형식으로 바꾸고 커피 손님 모시기에 열을 올리고 있다. 커피 효과가 확실하게 나타나고 있는 것이다.

다른 음료에 비해 유독 커피에서만 이런 효과가 나타나는 이유에 대해 전문가들은, 우리나라 사람들의 소비 습관에서 이미 커피가 단순히 식후에 마시는 후식 음료가 아니라 비즈니스 문화의 한 아이템으로 자리 잡았다는 점을 지적한다. 많은 직장인들이 커피로 하루 일과를 시작하고, 기업의 회의나 고객과의 상담, 개인적인 교제 등에서도 커피를 선호한다. 특히 고객과의 상담이나 가벼운 접대에서 커피는 가격이 높지 않으면서 상대방에게 고급스러운 느낌을 준다.

굳이 비싼 레스토랑에 가서 접대해야 할 만한 일이 아닐 때, 그렇다고 김치찌개를 놓고 상담을 진행할 수도 없는 노릇이다. 이런 경우에 전문점의 커피 한 잔이 적당하다는 것이다. 고급 커피 전문점의 위치나 분위기도 이러한 선호에 한몫한다. 스타벅스 매장에 가득한 커피향을 맡으며 소파에 편안히 앉아 분위기 있는 음악을 듣는 대가로 4,000원쯤은 지불할 만하다는 것이다. 흔히 스타벅스의 성공 요인을 이야기할 때마다 빠지지 않는 '감성 마케팅'이라는 것도 실은 이런 의미이다. 스타벅스의 최고 경영자인 하워드 슐츠**Howard Schultz**는 "커피는 사람과 사람, 또 사람과 사회를 연결해 주는 매개체이며 가정이나 직장에서 느끼지 못하는 평온한 공간을 제공해 준다."고 이야기한다. 스타벅스는 커피를 파는 것이 아니라 '스타벅스의 경험**Starbucks experience**'을 판다는 것이다.

그런데 문제가 그렇게 단순하지만은 않다. 전문가들은 경제 불황에 역행하는 커피 효과가 다른 어느 나라보다도 우리나라에서만 유독 강하게 나타난다고 주장한다. 고급 커피 전문점의 수요는 전 세계적으로 하락세인데 우리나라에서만은 예외적인 현상이 일어나고 있다는 것이다. 그 한 예로 우리나라에서 가장 많은 수요가 있는 스

이떤 이들은 커피 전문점의 분위기가 편안하다고 말하지만 허장강과 도금봉이 수작을 나누던 동네 다방의 추억을 간직하고 있는 50대 이상에게 스타벅스나 비슷한 커피숍들의 매장은 좁고 의자는 불편한 고통의 장소일 뿐이다. 커피 한 잔 앞에 놓고 서너 시간쯤은 노닥거려도 좋던 그 동네 다방들은 다 어디로 갔는지? 사진은 박경리 선생의 작품을 영화로 만든 〈표류도〉의 한 장면이다. 다방 마담 문정숙과 지식인 김진규의 사랑 이야기이다. 영화와는 상관없는 이야기지만 어느 시대에나 나약한 지식인은 유흥업소 여성과의 아슬아슬한 연애를 꿈꾼다. 그러나 꿈은 꿈일 뿐이다.

타벅스의 경우를 다시 살펴보면, 실제로 세계 경제가 어려워지면서 미국에 있는 스타벅스 영업장은 폐쇄하는 곳이 늘었다고 한다. 당연히 스타벅스의 수익률 역시 크게 감소했다.

전 세계의 스타벅스가 이처럼 심각한 매출 감소를 겪고 있는 와중에도 유독 한국에서만 두 자릿수 성장세를 이어가고 있다. 보통 한 잔에 3,000~4,000원씩 하는 국내 커피 전문점의 커피 가격은 경제협력개발기구OECD 가입 국가 가운데서도 꽤나 높은 수준으로, 일본이나 미국과 같은 선진국보다 오히려 1.6배 정도 비싸다. 일본만 보더라도 임대료나 인건비를 생각해 보았을 때 분명 우리나라보다 훨씬 비싸야 옳은데 정작 커피 값은 1,000원 정도 차이가 난다. 그렇다면 왜 우리나라 스타벅스는 다른 나라에 비해 비쌀까?

스타벅스 커피 값이 비싼 이유를 단순히 생각해 보면 소위 그 매장들이 대부분 번화가의 가장 비싸다고 하는 곳에 입점해 있기 때문이다. 하지만 이런 사정은 다른 나라에서도 마찬가지고, 그런 원가가 차지하는 비중은 대체로 스타벅스 커피 값의 절반에도 못 미친다. 정작 스타벅스의 커피가 비싼 이유는 스타벅스를 이용하는 손님들의 소비 행태 때문이다.

스타벅스라는 기업이 만들어지게 된 이야기는 유명하다. 이 이야기의 핵심은 스타벅스가 파는 것은 커피가 아니라 일에 바쁜 샐러리맨에게 제공하는 꿀맛 같은 여유라는 것이다. 그러나 미국의 샐러리맨들에게는 그것이 비싼 커피 값을 지불할 만한 이유가 되는지 모르겠지만, 한국의 소비자들에게는 그 의미가 조금 다르게 전달된다. 소비자들은 스타벅스에 커피를 마시러 가는 것이 아니라 스타벅스라는 그 브랜드를 소비하러 간다는 것이다. 스타벅스에서 커피를 마시면 나도 뉴요커가 된 것 같은 착각 말이다.

많은 사람들은 소비를 할 때 다른 사람을 따라서 한다. 미니스커트가 유행하면 너도나도 미니스커트를 입고, 킬힐이 유행하면 너도나도 킬힐을 신는 현상이 그것이다. 경제학에서는 이런 현상을 '밴드왜건 효과bandwagon effect'라고 한다. 아마 어릴 때 소독차가 지나가면 이유도 없이 연기를 마시면서 따라다녔던 기억들이 있을 것이다. 더 나이가 있는 분들이라면 어릴 적 약장수가 북을 치며 사람들을 모았던 기억도 떠오를지 모르겠다. 그런 식으로 곡예나 퍼레이드의 맨 앞에서 행렬을 이끄는 악대차가 지나가면 너도나도 따라간다는 의미다. 우리 속담을 잠시 빌면 "남이 장에 가니까 거름 지고 장에 간다."는 식이다.

반대로 어떤 사람들은 다른 사람들이 구매하니까 나는 안 한다는 식의 소비 행태를 보인다. 자기는 뭔가 남다르게 보이고 싶은 것이다. 이런 현상을 '스놉 효과snob effect'라고 부른다. 그렇다면 스타벅스에서 마시는 커피 한 잔은 밴드왜건 효과일까 스놉 효과일까? 실은 둘 다이다. 얼핏 두 가지 현상은 정반대처럼 보이지만, 두 현상은 동시에 나타나는 경우가 많다. 둘 다 다른 사람들을 의식하는 소비 행태이기 때문이다.

미국의 경제학자 소스타인 베블런 Thorstein Bunde Veblen 은 이미 100
여 년 전에 《유한계급론》을 통해 사람들이 소비를 하는 이유가 필요
때문만은 아니며, 더러는 다른 사람들에게 과시하고자 하는 욕구에
서 소비하기도 하다는 것을 지적했다. 베블런은 그것을 '과시적 소
비 conspicuous consumption' 라고 불렀는데, 가령 부자들이 호화로운 파
티를 열거나 값비싼 보석이나 고급 자동차, 심지어는 개인용 요트
따위를 사는 등의 행위를 이에 비유했다. 이러한 과시적 소비에서는
가격이 올라도 수요가 줄어들지 않고 오히려 증가하는 현상이 나타
나는데, 베블런의 이름을 따 이런 현상을 '베블런 효과 veblen effect'
라고 부른다.

이런 사람들의 허영심을 노린 것이 극소수의 상류층을 대상으
로 요즘 유행한다는 'VIP 마케팅', 또는 'VVIP 마케팅' 이다. 물
론 스타벅스의 커피 한 잔을 놓고 VIP 마케팅을 이야기하는 것은
지나칠 것이다. 굳이 말하자면 스타벅스는 VIP가 못되는 사람들에
게 잠시 VIP가 된 듯한 대리 만족을 준다고나 할까? 이런 예는 스
타벅스만이 아니다. 환율이 떨어졌을 때도 수입 명품들의 가격은
엄청나게 올랐다. 이런 현상은 우리나라에서만 일어난다는데, 비
쌀수록 무조건 더 좋아 보인다는 소비자들의 맹목적 소비 행태와
희소성을 극대화해 가격을 올리려는 업체들의 상술이 만들어낸 기
현상인 것이다.

전 세계적으로 커피는 해마다 약 4,000억 잔 정도가 소비된다. 커피가 생산되는 국가는 약 90여 개국에 달한다. 커피에 관련된 직업에 종사하는 사람은 세계석으로 약 2,000민 명에 달한다. 평균적으로 남자는 하루에 1.7잔을 여자는 1.5잔의 커피를 마신다. 세계에서 커피를 가장 많이 소비하는 나라는 미국으로, 1년에 120만 톤의 커피를 소비한다. 이것은 세계적으로 수출되는 커피의 3분의 1에 해당한다. 1인당 가장 많은 양의 커피를 소비하는 국가는 핀란드로, 한 사람이 1년에 약 12.82킬로그램의 커피를 소비한다.

미국인의 절반 이상이 아침에 일어나자마자 커피를 마신다. 아침 식사 때 57퍼센트의 커피, 식사와 식사 중간에 34퍼센트, 다른 식사에 13퍼센트의 커피가 음용된다. 커피를 마시는 사람 중 37퍼센트 정도가 아무것도 첨가하지 않은 블랙커피를, 63퍼센트 정도가 설탕과 크림 등을 첨가한 커피를 즐긴다. 또한 스타벅스의 커피 한 잔 가격에서 직접 커피를 생산하는 농민들에게 돌아가는 몫은 1퍼센트밖에 되지 않는다.

커피의 기원은 멀리 8세기경으로 거슬러 올라간다. 에티오피아의 카파Kaffa라는 지역에서 양을 몰던 칼디Kaldi라는 소년은, 양들이 어떤 나무에서 나는 열매를 먹고는 흥분해서 펄쩍펄쩍 날뛰는 것을 보았다. 소년은 호기심에 그 나무 열매를 따서 입에 넣어 보았는데, 곧 심장이 뛰고 흥분을 감출 수 없었다. 소년은 이 기이한 열매를 따서 마을의 수도승에게 알렸다. 칼디의 말을 듣고 열매를 먹어본 수도승도 놀라움을 감추지 못했다. 밤마다 철야 기도를 하기 위해 밤을 새면서 졸음과 싸워야 했던 수도승들에게 이 기이한 열매는 신이 내린 은총과도 같았다.

커피는 곧 북아프리카와 중동의 다른 이슬람 지역으로 확산되었다. 처음 한동안 커피는 이슬람 율법에 맞는지 아닌지를 놓고 문제가 제기되어 금지되기도 했다. 하지만 수도승들의 졸음을 쫓는 데 효능을 인정받아 메카에서도 음용되었고, 수도승들뿐 아니라 일반 신도들도 널리 마시기 시작했다. 'Coffee'라는 말은 커피가 처음 발견된 지역의 이름인 'Kaffa'에서 유래했다. 재미있는 사실은 커피의 원산지인 에티오피아에서는 커피를 '커피Coffee'라고 부르지 않는다는 것이다. 커피의 본래 이름은 '분나Bunna'이며, 에티오피아에서는 지금도 그렇게 부른다고 한다. 커피를 처음 발견한 소년 칼디의 이름은 지금도 몇몇 커피 전문점들의 상호에 남아 있다.

그러면 커피는 유럽에 어떻게 전해진 것일까? 십자군 전쟁에 나선 기사들이 아랍인들이 마시는 모습을 보고 따라 마신 것이 계기가 되었다고 한다. 당시 유럽에서는 커피를 이교도의 음료로 생각한 사람들이 많았고, 이들은 교황 클레멘트 8세Clemens VIII에게 커피 금지령을 내려 달라고 요청했다. 이 때문에 처음 커피를 맛보게 된 교황은 오히려 그 맛에 감복하여 커피에 세례를 내리기까지 했다. 이것이 계기가 되어 커피는 유럽 전역으로 퍼지게 되었다. 그러나 이때까지도 커피 무역은 아랍 상인들에 의해 독점되고 있었다. 유럽인들은 커피 묘목을 들여와 스스로 재배하고자 시노했시만 유립의 기후는 커피 재배에 적당하지 않았다. 반면 네덜란드 상인들은 식민지였던 자바 섬에서 커피 재배에 성공하게 된다. 이를 시작으로 유럽 각국은 경쟁적으로 커피 재배에 나서 자메이카, 프랑스령 가이아나, 그리고 콜럼비아 등으로 확산되었다.

우리나라에서 처음 커피를 마신 사람은 고종 황제였다고 한다. 고종은 요즘 식으로 말하면 마니아라고 할 만큼 커피 애호가였는데, 덕수궁 내에 정관헌靜觀軒이라는 서양식 건물을 짓고 그 곳에서 대신들이나 외국 사신들과 커피를 즐겼다고 한다. 일제가 궁중 요리사를 매수하여 고종의 커피에 독을 타 시해하려고 했다는 이야기도 있다. 순종 황제가 자녀를 생산하지 못한 것도 그 때문이라는 설이 유력하다.

그렇다면 고종은 언제 처음 커피를 마셨을까? 을미사변(乙未事變, 1895)으로 명성황후가 시해되자 신변에 위협을 느끼던 고종은 러시아 공사 베베르의 설득에 따라 러시아 공사관으로 피신하는 아관파천(俄館播遷, 1896)을 하게 되는데, 이때부터 커피를 마시게 되었다고 한다. 그다지 즐거운 이야기는 아니다. 우리나라에서 일반인들이 커피를 마시게 된 것은 최초의 서양식 호텔이던 손탁호텔에서 커피를 판매하면서부터이다. 손탁호텔은 1902년 독일 여성 손탁이 설립하여 운영했는데, 그녀는 1885년 러시아 공사 베베르와 함께 조선에 들어와 베베르의 추천으로 궁중에서 양식 조리와 외빈 접대 등을 맡았던 인물이다.

스타벅스와 같은 커피 전문점의 커피 한 잔은 대개 4,000원 정도이다. 그렇다면 그 4,000원 가운데 커피 농장에서 일하는 농부들의 몫은 얼마일까? 40원도 되지 않는다. 콜롬비아나 케냐의 농민들은 하루 종일 커피 농장에서 일하지만 UN이 정한 최저 생계 유지비인 1달러도 못되는 돈을 번다. 그나마 커피 가격이 떨어지면 그 일조차 잃고 산 속으로 쫓겨 가야 하는 농민들도 많다. 직접 커피를 생산하

영국 사람들은 홍차를 많이 마시는 대신 커피는 거의 마시지 않는다. 반대로 영국에서 건너온 미국 사람들은 차는 거의 마시지 않고 커피를 주로 마신다. 그 이유는 무엇일까? 독립전쟁 전까지 북아메리카의 영국 식민지는 정치적 권리는 없으면서 본국에 막대한 세금을 지불하고 있었다. 이에 식민지의 주민들은 "대표 없이 과세 없다."는 말로 저항 운동을 시작했고, 영국도 대부분의 세금을 폐지하거나 경감하지 않을 수 없었다. 그러나 본국의 자존심을 지키기 위해 영국은 '차'에 대해서만은 높은 세율을 고수했다. 이에 반발한 식민지 주민들은 인디언 옷을 입고 보스턴 항구에 정박 중이던 영국 배에 올라 차 상자를 바다에 버렸다. 이것이 유명한 '보스턴 차 사건(1773)'으로 미국 독립전쟁의 시발점이 되었다. 이때부터 북아메리카에서는 차 대신 커피를 마시는 습관이 유행하게 되었다.

는 농민들에게 돌아가는 몫이 1퍼센트밖에 안 된다면 나머지 99퍼센트는 누가 가져갈까? 그 커피를 마시는 선진국의 소비자들일까? 물론 아니다. 커피 전문점의 커피 값이 비싸다는 사실은 누구나 안다. 전문점 커피의 비싼 가격으로 이익을 얻는 것은 바로 농장주들과 중간 상인들, 다국적기업들이다. 그렇다면 우리는 착취당하는 농민들을 생각하여 더 이상 커피를 마시지 말아야 할까? 역시 아니다. 농민들을 위해서라면 더 많은 커피를 마시는 편이 차라리 나을 것이다. 다만 우리가 아무리 커피를 많이 마셔도 그 혜택이 농민들에게는 거의 돌아가지 않는다는 것이 문제이다.

최근 들어 농민들에게 정당한 몫이 돌아갈 수 있게 하기 위해 많은 사람들이 '공정 무역fair trade'을 실천하고 있다. 공정 무역이란 선진국의 소비자들이 직거래를 통하여 저개발국의 생산자들에게 정당한 가격을 지급하는 윤리적 소비 행동을 말한다. '착한 소비'라고 부르는 이들도 있다. 물론 공정 무역으로 거래되는 커피의 양은 아직 전체 유통량의 0.1퍼센트에 불과하지만, 해마다 20~30퍼센트씩 늘고 있다. 우리나라도 '두레생협'이나 '아름다운가게' 등에서 공정 무역 커피를 수입하고 있다. 정당한 대가를 치른 만큼 당장은 가격이 비싸지지만, 더 많은 사람들이 공정 무역 커피를 산다면 그 가격은 시중 커피보다 더 낮은 가격으로 떨어질 수 있다.

물론 공정 무역이라는 것도 실은 가진 자들의 위선에 지나지 않는다고 비판하는 분들도 있다. 세계 곳곳에서 사람들이 굶주림에 시달리는데 좋은 집에 앉아 한가하게 커피나 마시면서, 그 커피를 생산하는 제3세계 농민들에게 커피 값을 조금 더 줬다고 스스로 만족하는 것은 위선이며 가진 자의 오만에 불과하다는 것이다. 옳은 말씀이다. 그러나 그런 식의 기준에서 사람들을 심판한다면 우리는 모두 지옥불에 떨어져야 하지 않겠는가?

15인치 개미허리의 비극

속옷은 속옷이되 여성들의 패션 속옷은 왠지 속옷이 아니라 란제리로 불러야 그럴 듯하다. 우리나라에서 란제리 산업이 본격화된 것은 1954년 지금의 신영와코루인 신영염직공업사가, 이어서 1957년에는 지금의 남영비비안인 남영염직이 설립되면서부터이다. 요즘에야 그리 유별난 일이 못되지만, (주)신영의 '비너스'는 1970년대 중반에 속옷 차림의 모델을 텔레비전 광고에 직접 출연시켜 화제를 일으키기도 했다. 군사 정권 시절에 어떻게 그런 일이 가능했는가 의아해 할지도 모르겠지만, 지금 다시 생각해 보아도 외설적이거나 노출적이라는 느낌은 별로 없고 즐겁고 명랑한 분위기의 광고였다. 굳이 말하자면 다리만 등장한 남영나일론의 스타킹 광고가 차라리 더 고혹적이었다. 최근 우리 사회를 보면 미니스커트는 물론 심지어 배꼽을 드러낸 의상까지 노출 패션이 유행이다. 노 브래지어의 유행을 노출과 연관지어 설명하는 분들도 있다. 실은 속옷의 역사 자체가 여성의 육체를 가리기 위해서가 아니라 여성의 육체를 더 강조하기 위한 것이라는 점을 생각해 보면 반드시 그런가는 모르겠다.

흔히 시간을 거슬러 올라갈수록 육체의 노출을 금기시해 온 것으로 생각하기 쉽지만 사실은 그렇지 않다. 특히 여성의 노출을 법적으로나 사회 관습적으로 금지한 것은 매우 최근의 일이다. 요즘의 노출 풍조가 긴 역사에서 보면 예외적인 현상이 아니라 보편적인 현상이라는 것이다. 가령 고대 그리스나 로마의 조각을 보면 여성 또는 여신들이 가슴을 노출하고 있는 것을 쉽게 볼 수 있다.

멀리 생각할 것도 없이 가장 쉬운 예로 유명한 〈밀로의 비너스〉를 떠올려 보면 수긍이 갈 것이다. 그리스에서는 남성들이 육체를 과시하는 풍조가 있었지만, 여성들에게도 가슴 노출이 그다지 별 일은 아니었다. 서양에서 노출을 죄악시 하게 된 것은 물론 중세 시대에 들어와 종교적 윤리가 강조되면서부터이다. 르네상스 이후 비교적 노출에 관대해졌으나 빅토리아 시대 이후 예의와 도덕이 강조되면서 공공 장소에서의 노출은 다시 금기시되었다.

구한말 조선을 방문한 외국 선교사나 여행가들을 깜짝 놀라게 한 것은 여성들이 대수롭지 않게 가슴을 드러내고 다닌다는 점이었다. 여염집의 여성들이 훤한 대낮의 대로에서 공공연하게 젖가슴을 드러낸 채 물동이를 이고 다니는 모습은 빅토리아 시대의 예의범절에 익숙했던 외국인들에게 참으로 놀랍기도 하고 당황스럽기도 한 일이었을 것이다. 하지만 모든 여성들이 가슴을 드러내고 다녔던 것은 아니다. 그렇다면 어떤 여성들이 가슴을 드러내고 활보해도 좋았을까? 그 가운데는 기생처럼 오늘날로 치면 유흥업에 종사하던 여성들도 있었다. 그러나 유흥업이라고 해서 은밀한 내실도 아니고 대로에서 가슴을 드러내고 다닌다는 것은 우리가 아는 당시의 통념으로 볼 때 있을 수 없는 일이다. 정답은 아이를 낳은 여성들이다. 젖을 물려야 할 아이가 있는 여성들은 가슴을 드러내고 다녀도 좋았다. 말하자면 그것이 어머니들만의 특권이자 자부심이었던 것이다.

그렇다면 동양에서는 코르셋이나 브래지어와 유사한 속옷이 없었을까? 고대 중국의 문헌에서 속옷에 관한 가장 오래된 기록은 '설의褻衣'이다. 여기서 나온 '더러울 褻' 자는 "예의에 어긋날 만큼 지나치게 친하다, 얕보다, 음란하다." 등의 뜻을 가지고 있다. 고대의 중국 사람들은 속옷을 음란한 것, 감추어야 할 것으로 생각했음을 짐작할 수 있다. 다만 이때의 속옷이 어떤 형태였는

혜원惠園 신윤복의 풍속화를 보면 우리네 여인들이 젖가슴을 드러내고 다닌 것은 좀 더 거슬러 올라가서 시작된 듯하다. 물론 양반집 여인들은 여기에 해당하지 않는다. 가난하여 속옷조차 제대로 갖춰 입기 어려웠던 아낙네들은 그랬다는 이야기다.

지는 정확하게 알 수 없다. 아무튼 이때부터 설의는 중국에서 속옷을 가리키는 일반 명사로 널리 사용된다. 코르셋이나 브래지어와 유사한 속옷의 형태가 기록에 나타나는 것은 한漢나라 때부터이다. 한나라의 속옷은 심의心衣 또는 포복抱腹 등으로 불렀는데, 어깨 끈이 있고 등 부분은 그대로 노출했다. 비단 천에 수실로 여러 가지 무늬를 수놓아 화려한 형태가 많았다. 그 후 남북조 시대에는 양당兩씔이라는 이름의 속옷이 나타나는데, 포복과 다른 점은 뒷부분이 있었고, 양쪽으로 돌려 입을 수 있었다고 한다. 양당이라는 이름도 그래서 붙여졌다. 양당은 원래 북방 유목 민족의 풍습이던 것이 한족에게로 유입되었다고 한다.

당唐나라 때에는 어깨 끈이 없는 속옷이 처음으로 나타나는데 이를 하자河子

158

라고 불렀다. 끈 없는 속옷이 나타난 이유는 이 시대의 복장이 매우 화려하면
서 노출도 많았기 때문이다. 당나라의 여인들이 즐겨 입었던 의상은 치마를
가슴 부위까지 올려 묶고 가슴 위 부분과 등은 노출한 형태였다. 따라서 속옷
의 끈이 드러나서는 안 되었다. 송宋나라의 속옷은 말흉抹胸 또는 말두抹肚 라
고 하는데, 이것은 가슴과 배를 모두 가릴 수 있게 한 것이었다. 원元나라 시대
에는 합환금合襟欢 이라는 속옷이 유행했는데, 이것은 뒤에서 앞으로 묶게 된
형태로 여러 겹의 끈이 있어서 서양의 코르셋과 비슷한 형태였다.

명明나라 시대의 속옷은 주요主腰 또는 난군闌裙이라고 하는데, 소매 없는 조
끼 형태로 옆구리에 세 줄의 끈이 있어 묶도록 되어 있다. 허리에도 조임줄이
있어서 각선미를 더 돋보이게 할 수 있도록 했다. 청淸나라 시대에도 송나라의
것과 비슷한 배가리개가 유행했는데, 이 시대의 것은 따로 두두肚兜라고 부른
다. 형태는 마름모꼴로 가슴과 배만 살짝 가리게 되어 있다. 천에는 화려한 수
가 놓여져 있으며, 귀족들은 끈 대신 금으로 된 줄로 묶기도 했다.

이처럼 동양에서도 속옷의 역사는 서구에 못지않게 오래되었으며 그 형태도
다양하게 발전해 왔다. 동양에서 한 가지 찾을 수 없는 속옷은 바로 팬티이다.
중국은 물론 우리의 한복을 보더라도 속곳이나 고쟁이는 모두 바지 형태의 속
옷으로 팬티라고 부르기는 어렵다. 따라서 동양에서 팬티를 입기 시작한 것은
당연히 서구로부터 유입된 습관이다.

텔레비전의 어느 토크쇼에 나와 "삼각 팬티를 입느냐 사각 팬티를 입느냐?"
는 질문에 "팬티는 원래 삼각 아니냐?"고 대답했던 연예인이 있다. 바로 가수
왕 조용필이다. 우리는 흔히 팬티란 원래 삼각이라고 생각한다. 그러나 속바
지 형태인 드로즈drawers로부터 발전해 온 만큼 동양에서든 서양에서든, 세

월이 흐른 만큼 그 길이는 짧아졌지만 팬티의 디자인은 늘 사각이었다. 삼각형의 팬티가 처음 나타난 것은 뜻밖에도 1930년대의 일본에서이다. 전쟁으로 물자가 부족해지자 자원 절약을 위해 만든 것이 바로 삼각 팬티인 것이다. 남성용 팬티의 앞 부분에 단추를 달아 벗지 않고도 편리하게 소변을 볼 수 있게 한 것도 일본에서 시작되었다. 새 것을 발명하기보다 기존의 것을 개량하는 데 더 능한 일본인들의 장점이 잘 드러나는 이야기이다.

팬티가 동양에 전해진 정확한 시기는 말하기 어렵지만 서양에서부터 그 역사가 그리 오래되지 않았으므로 동양에 전파된 것도 19세기 말에나 와서의 일일 것이라고 짐작할 수 있다. 그러나 익숙치 않은 팬티의 착용은 여성들에게 그다지 환영받지 못했던 모양이다. 1925년 도쿄東京의 데이고쿠帝國 백화점에서 큰 화재가 일어났을 때, 대부분의 여성 고객들이 구조 사다리에 타기를 거부해 사망한 사건이 발생했다. 여성들이 구조를 거부한 이유는 바로 속옷을 입지 않았기 때문이었다. 고가 사다리에 타면 기모노きまの 속의 아랫도리가 보일 테니 차라리 목숨을 잃는 편을 선택했다는 것이다. 이 사건을 계기로 일본 정부는 국가적으로 팬티 착용을 권장하게 되고, 일본에서 팬티가 보편화된 것도 이때부터라고 한다.

식민지 시대에 일제는 전쟁 물자를 조달하기 위해 한국인의 의식주 생활까지 간섭했는데, 이때 특히 권장한 것이 몸뻬もんぺ라고 불리는 일바지였다. 몸뻬 착용을 권장하기 위해 일제는 농촌 여성들에게 무료로 몸뻬를 나눠 주기도 했는데, 팬티는 물론 속곳조차도 입지 않던 여성들이 맨몸에 속이 비치는 몸뻬를 입고 논밭으로 일하러 다니는 황당한 일도 있었다고 한다. 아무튼 몸뻬를 강제하기 위해 일제는 몸뻬를 입지 않은 여성은 전차를 타거나 관공서에 출입하는 것조차 금지했다. 지금 봐도 황당한 국민들의 복장 규제는 전제 국가나

160

하는 짓이다. 여성들에게 몸뻬 입기를 강요한 일본 제국주의가 그렇고 백주의 길거리에서 지나가는 청년들의 머리를 자르고 여성들의 치마에 가위질을 한 군사 정권이 그렇다. 그러나 역사적으로 보면 의복에 대한 규제는 우리가 생각하는 것 이상으로 매우 흔한 사건이다. 개혁 개방 이전의 중국에서는 모든 국민들이 국민복이라는 이름의 한 가지 의상만을 입었다. 입기 편하고 실용적이기는 하지만 과연 모든 국민이 똑같은 한 가지 옷만을 입는 사회가 인간적일 수 있을까? 몇몇 이슬람 국가들의 경우는 더욱 비인간적이다. 어떤 국가에서는 여성이 바지를 입었다는 이유로 태형을 맞는 일도 제법 자주 일어난다.

그런데 패션의 도시라는 프랑스 파리에도 여성은 바지를 입어서는 안 된다는 법률이 있다. 물론 이 법은 최근에 만들어진 것은 아니고, 200년 전에 만들어졌던 법이 현실적 효력을 잃은 지 오래되었음에도 불구하고 폐지되지 않은 것이다. 이에 대해 프랑스 법무부는 현실에 맞지 않는 법은 자연스럽게 사문화되는 것이 국가가 나서서 폐지하는 것보다 낫다는 의견을 발표했다. 법이야 남아 있든 어떻든 여성들이 바지를 입게 된 것도 여성들이 코르셋을 벗어던진 것과 마찬가지로 프랑스 혁명의 결과이다. 그런데 실은 상류층 남성들이 긴 바지를 입은 것도 그리 오래 되지 않는다. 프랑스 혁명 당시 민중 세력을 가리키는 상퀼로트sans-culotte는 퀼로트, 즉 반바지를 입지 않은 사람들이라는 뜻으로, 당시까지 긴 바지는 노동자들이나 입는 의복이었다.

11

꼬불꼬불한 면 속에는
사연도 꼬불꼬불

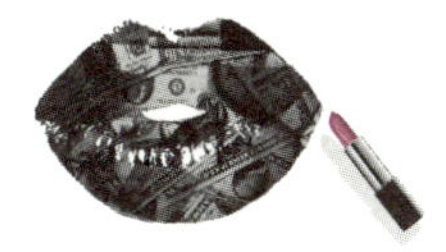

비정규직 교수 문제를 다룬 어느 분의 글에서 이런 대목을 읽었다. 우리가 흔히 시간 강사라고 부르는 한 비정규직 교수가 학교 식당에서 라면을 먹다가 학생들과 마주쳤다. 그런데 한 학생이 이렇게 묻더란다. "교수님, 왜 라면만 드세요?"

우리 대학 교육의 절반을 책임지고 있는 비정규직 교수들의 신분 보장이나 대우에 관한 문제가 매우 심각하다는 데에는 크게 공감한다. 하지만 그렇다고 정말 형편이 너무 어려워서 매일 라면만 먹을까? 아마 라면을 좋아하시는 분일 테지. 솔직히 나도 마누라 없이는 살아도 라면 없이 산다는 것은 상상도 할 수 없다.

불황이 지속되면서 라면 소비가 늘어났다고 한다. 경기 침체가 지속되면 소비자들이 가장 먼저 외식과 같이 불필요한 소비를 줄이기 때문이다. 주머니가 가벼워진 소비자들이 외식을 하거나 비싼 식재료로 조리를 하기 보다는 값싸고 간편한 라면을 더 자주 사 먹으리라는 것은 당연해 보인다. 실제로 농심, 삼양 등 주요 업체들의 최근 라면 매출이 적게는 10퍼센트에서 많게는 30퍼센트까지 확대된 것으로 나타났다. 편의점의 라면 매출은 최근 들어 35퍼센트까지 확대됐다고 한다. 이런 덕분에 수년째 1조 5,000억 원 규모에 머물러 있던 시장 규모도 2009년에는 2조 원을 넘어선 것으로 추산되고 있다.

그렇다면 라면이 잘 팔리는 것은 정말 불황 때문일까? 자료만 보면 그런 것 같기도 하지만 다른 의견도 있다. 불황일수록 라면이 더 잘 팔리는 것이 아니라, 호황이나 불황을 따지지 않고 언제나 잘 팔린다는 것이다. 즉, 립스틱이 잘 팔리는 것과 마찬가지 이유라는 것이다. 최근 들어 라면 매출액이 크게 증가한 것은 불황기라서 특별히 더 많이 팔린 것이 아니라 건강과 환경에 대한 관심이 높아지면서 라면 시장에서도 고급화된 신제품들이 많이 출시됐기 때문이다.

다른 한편으로는 라면 소비가 줄었다는 통계 자료도 있다. 가장 객관적인 것처럼 보이는 통계가 왜 이렇게 왔다 갔다 할까? 궁금한 분들을 위해서 알려 드리자면, 통계는 어느 기간을 선택해서 어느 기간과 비교하느냐에 따라 전혀 다른 결과가 나온다. 그래서 이런 말도 있지 않은가? 거짓말에는 세 가지가 있는데 하얀 거짓말, 새빨간 거짓말, 그리고 '통계'라고.

어쨌거나 우리나라 사람들이 세계에서 라면을 가장 좋아하는 국민인 것만은 분명하다. 우리나라의 라면 소비량은 1인당 연간 75개로 세계 1위이다. 2위는 뜻밖에도 인도네시아 사람들로 1인당 52개이며, 일본, 중국, 태국, 미국, 러시아, 브라질이 그 뒤를 잇는다. 물론 총량으로 따지자면 중국이 440억 개로 1위, 그 뒤로 인도네시아, 일본, 미국의 순이며 우리나라는 36억 개로 5위를 차지하고 있다. 차곡

차곡 쌓으면 에베레스트산의 높이(8,848미터)와 비슷하다고 하니 엄청난 숫자이다. 돈으로 환산하면 약 1조 7,000억 원 이상이다. 한편 봉지라면과 컵라면의 비율은 7 대 3 정도이며, 최근 들어서는 라면의 생산량은 감소하는 반면 고급화가 이루어지고 있는 추세라고 한다.

1986년 서울 아시안 게임에서 육상 3관왕에 오른 임춘애 선수가 "라면만 먹고 뛰었다."고 말해 크게 화제가 된 적이 있다. 어느 독지가는 임 선수에게 라면 몇 상자를 보내기도 했다고 한다. 그러나 훗날 밝혀진 바에 따르면 임 선수는 그런 말을 한 적이 없으며, 인터뷰했던 기자가 잘못 전한 것이라고 한다. 아무튼 그 시절 라면은 확실히 서민들을 울리고 웃기던 음식이었다. 지금이라고 왜 아니겠는가?

우리나라 사람들이 특히 라면을 좋아하는 것은 오래 전부터 면麵 요리를 즐기는 문화가 있어 왔기 때문일 것이다. 라면의 원조라고 할 수 있는 국수가 우리나라에 전해진 것은 무려 6,000년 전 중국으로부터라고 한다. 국수는 곡류를 가루 내어 반죽한 다음 가늘고 길게 뽑은 식품을 총칭하는 우리말로, 한사로는 면麵이라고 한디. 국수는 제조나 조리가 비교적 간단하기 때문에 빵보다도 역사가 깊어, 기원전 6000년경에 이미 아시아 지방에서 만들어 먹기 시작했다고 한다. 스파게티를 비롯한 서양의 면 요리도 아시아에서 전해진 것이다. 그러나 우리나라에서는 면의 주재료인 밀의 생산이 많지 않았기 때문에 상용 음식이 되지는 못했다. 오늘날 '잔치국수'라는 말에 남아 있듯이 국수는 떡과 함께 결혼이나 회갑연과 같은 의례에 사용되던 특별한 음식이었다.

그렇다면 우리나라 사람들이 가장 좋아하는 라면은 무엇일까? 시장조사 전문 기업인 트렌드모니터가 전국의 만 13~50세 남녀 1,305명을 대상으로 진행한 설문 조사에 따르면 응답자의 34퍼센트가 농심의 '신라면'을 선택했고, 역시 농심의 '너구리'와 삼양의 '삼양라면'이 2위와 3위를 각각 차지했다. 한국, 일본, 대만의 만 19~49세 남녀 3,392명을 대상으로 한 다른 설문 조사에서도 역시 신라면을 좋아한다는 응답이 37퍼센트를 넘었다. 신라면을 즐겨먹는 이유로는 73퍼센트 이상이 "국물 맛이 좋아서"를 꼽았다.

라면을 먹는 시간대는 주로 주말이었고 "일요일 낮 시간대"에 주로 끓여 먹는다는 응답이 53퍼센트였다. 라면을 먹는 회수는 일주일에 2~3회가 45퍼센트로 가장 높았다. 응답자의 대부분은 라면을 대형 마트에서 묶음으로 구입했으며, 라면을 고를 때 가장 영향을 미치는 요인에 대해서는 46퍼센트가 상품의 브랜드라고 답했다. 이 조사에 의하면 한국인의 78퍼센트는 라면이 '밥과 상관없이 먹는 기호 식품'이라고 답해 라면에 대한 의식을 보여 주었다. 라면이 국민 여동생, 국민 어머니 못지않은 오천만의 국민 음식이라는 말이 전혀 과장만은 아닌 것이다. 라면은 2~3세기경에 지금의 몽골 지역에서 처음 만들어졌다고 한다. 중국에서는 '라미엔拉麵' '라오미엔老麵' 등으로 불렸는데, 6세기 중엽인 남북조 시대에 나온 《제민요술濟民要術》이라는 책에 면을 만드는 방법이 상세히 소개되어 있다고 하니 오래 전부터 널리 먹었던 음식임을 알 수 있다. 라면이 일본에 전래된 것은 18세기 중후반에 들어서이다. 처음에는 중국 국수라는 뜻으로 '지나支那소바' 라고 불렸으나, 중국 음식 특유의 느끼한 맛이 일본인들의 입에 맞지 않아 그다지 유행하지 못했다. 그러다 된장을 넣어 느끼한 맛을 잡아낸 미소라멘, 돼지 뼈 국물로 구수한 맛을 낸 돈코츠라멘 등이 개발되면서부터 크게 확산되어 지금은 전국 어느 지방에서나 그 지방 특산 라면이 있을 정도이다.

우리가 흔히 먹는 인스턴트 라면은 일본에서 처음 개발되었다. 인스턴트 라면의 유래에는 크게 두 가지 설이 있다. 하나는 중일전쟁 때 중국군의 비상식량인 '건면乾麵'을 맛보고 전쟁 후 이를 튀겨 보관이 쉽도록 한 후 먹었다는 설이며, 다른 하나는 대만 출신이면서 일본 라면 산업의 선구자로서 세계라면협회 회장을 지낸 안도 모모후쿠安藤百福가 1957년 한 술집에서 어묵을 튀기는 과정에서 착안하여 라면 제조법을 개발했다는 것이다.

끓는 기름에 밀가루 반죽을 넣는 순간 밀가루 속에 있던 수분이 순간적으로 빠져 나오고 밀가루 반죽에 작은 구멍이 무수하게 생기는 것을 발견한 안도 씨는 자기 집 뒤뜰에 실험실을 만들어 놓고 연구에 매진하여, '순간 유열油熱 건조법' 이라는 라면 제조법을 세계 최초로 개발했다. 술집에서가 아니라 자기 부인이 튀김을 하는 모습을 보다 발견했다는 이야기도 있다. 아무튼 라면이 상용화된 것은 1958년 8월 25일이며, 이 날은 세계라면협회에 의해 '인스턴트

라면의 날'로 정해졌다. 라면 수프가 개발된 것은 1961년, 흔히 컵라면이라고 불리는 용기 라면의 출현은 1971년부터이다.

우리나라에서 라면이 처음 등장한 것은 1963년 9월 5일이다. 삼양식품 전중윤全仲潤 회장이 남대문 시장에서 한 그릇에 5원 짜리 꿀꿀이죽을 사 먹으려고 길게 줄을 선 사람들을 목격한 것이 라면 등장의 계기가 됐다. 전 회장은 일본 여행 중에 구경했던 라면이 식량 문제를 해결하는 데 큰 기여를 할 것으로 판단하고, 일본에서 기계를 들여와 삼양라면을 처음 선보였다. 라면 제조 기술의 도입에도 전해지는 일화가 많다. 전 회장이 일본의 라면 제조업체인 '묘조明星식품'을 찾아간 전 회장이 기술이전을 부탁했으나 묘조 측은 당연히 거절했다. 그러나 전 회장이 뜻을 굽히지 않고 몇 개월씩이나 간청하자 그 성의에 감동한 묘조식품이 기술을 이전해 주었다는 것이다.

이렇게 해서 우리나라에 소개된 라면은 몇 년 사이에 '국민 식품'으로 떠오르게 되었다. 1966년에 240만 봉지에 불과했던 생산량이 3년 후인 1969년에는 1,500만 봉지로 급증한 사실이 그것을 보여준다. 특히 1965년 식량 부족 문제를 해결하기 위해 정부가 범국민 운동으로 실시한 '혼분식 장려정책'은 저렴한 비용으로 영양이 부족하지 않게 한 끼 식사를 해결할 수 있는 라면이 뿌리 내릴 수 있도록 도왔다. 처음 출시됐을 때 라면 한 개의 가격은 10원으로 당시 자장면 한 그릇이 20원, 식당에서 찌개가 30원이었던 점을 생각하면 당시로서는 꽤 고급 음식이었던 셈이다. 그러나 삼양식품은 시장 개

어떤 라면이 가장 맛있느냐고? 군대에서 먹는 라면이 가장 맛있다. 그것도 얼차려 하고 난 다음에 먹는 라면이. 그런데 정부로부터 등록금을 대출 받고 군대에 가면 복무 기간 동안 그 이자를 꼬박 다 물어야 한단다. 삽질도 서러운데 이자까지? 하기야 '신의 아들'들이 군바리 설움을 어떻게 알랴? 영화 〈식객〉의 한 장면이다.

척 초기, 적자에 시달리면서도 10여 년 동안 한 번도 가격을 올리지 않음으로써 소비자들의 신뢰를 얻었다. 그런 이유 때문인지 박정희 전前 대통령이 세무사찰을 하지 않은 '유이唯二'한 기업이 유한양행과 삼양식품이었다는 이야기도 있다.

현재 국내 라면 시장의 점유율을 기업별로 보면 농심이 약 70퍼센트를 차지하고 있으며 그 뒤로 삼양식품이 11퍼센트, 오뚜기식품이 10퍼센트, 한국야쿠르트가 7퍼센트, 빙그레가 3퍼센트의 점유율을 기록하고 있다. 시장에서 판매되는 라면의 종류는 대략 130여 종이며, 매년 20~30여 개의 신제품들이 개발되고 있다. 그러나 이 가운데 상위 10개 제품이 전체 시장 규모의 3분의 2를 점유하고 있어서 신제품이 시장에 진입하기란 그리 쉽지 않다.

우리나라에 처음 라면을 도입한 이후로 한동안 업계 1위를 독점했던 삼양식품이 농심에 1위 자리를 내 준 데에는 1989년 이른바 '우지牛脂 파동'이라는 사건이 결정적인 계기가 되었다. 우지 파동은 삼양식품이 라면 제조에 공업용 우지를 사용했다는 검찰의 발표에서 시작되었다. 검찰의 주장인즉 그 우지가 미국에서는 공업용으로 사용된다는 것인데, 미국 사람들이야 우지를 먹지 않으니 당연히 공업용으로 사용할밖에? 그렇게 따진다면 우리가 먹는 우족이나 쇠꼬리도 모두 공업용 내지는 쓰레기용이라고 해야 옳다. 결론적으로 이 사건은 한바탕 해프닝으로 끝났지만, 그로 인해 삼양라면의 시장 점유율은 한 순간에 60퍼센트에서 15퍼센트로 급락했다.

천만다행으로 농심 역시 그전까지는 당연히 우지를 사용해 왔으나 사건이 터지기 수개월 전에 식물성 팜유로 교체했다고 한다. 물론 파동을 예상한 것은 아닐 테고 후발 업체로서 무엇인가 변화를 모색해야 했기 때문이었을 것이다. 아무튼 한 기업의 불운이 다른 기업에는 기회가 되었으니 제삼자가 뭐라고 언급하기 어려운 일이지만, 우리 검찰의 한건주의와 일부 언론의 선정주의는 그때나 지금이나 전혀 달라진 것 같지 않다.

물론 농심이 업계 1위에 오른 데 대해 경영학을 전공하는 사람들은 삼양식품이 우지 파동이라는 외부의 예상치 못한 위기에 제대로 대응하지 못했다는 점과 반대로 농심이 우지 파동 이전부터 새로운 히트 상품들을 연이어 내놓은 데서 그 원인을 찾기도 한다. 1980년대 들어 농심은 '사발면(1981)', '너구리(1982)', '육개장 사발면(1982)', '안성탕면(1983)', '짜파게티(1984)', '신라면(1986)' 등을 잇달아 히트시키면서 삼양식품의 아성을 공격해 나갔다. 특히 우리나라 라면의 역사에서 최고의 히트 상품으로 꼽히면서 지금도 판매량 1위를 굳게 지키고 있는 신라면의 등장은 신선한 충격이었다.

신라면이 처음 출시될 당시, 일반 라면의 가격은 개당 100~120원이었으나, 신라면은 두 배에 가까운 200원이었다. 라면을 대충 한 끼 때우는 음식 정도로 생각하던 시대라 '과연 200원짜리 라면을 사 먹을 사람이 있을까?' 하는 비관적 전망이 많았다. 그런데 신라면이 등장한 시기는 바로 86아시안게임과 88올림픽을 계기로 한국 사회가 새로운 전환기를 맞던 시기였다.

소득의 증가와 더불어 이른바 저금리, 저유가, 저달러의 '3저 호황'이라는 대내외적 호경기를 맞아 소비 패턴에 고급화 바람이 불기 시작했고, 라면 시장 역시 가격보다 맛을 중시하는 새로운 트렌드가 막 시작되고 있었다. 이처럼 절묘한 시기에 농심은 매운 맛을 기치로 내걸고 신라면을 출시하면서 라면의 고급화를 주도했다. 그 결과 신라면이 처음 출시된 1986년 29억 원에 불과했던 매출액도 1년 후에는 여섯 배가 넘는 186억 원을 기록했고, 2007년에는 3,000억 원을 넘어섰다. 불황일수록 라면이 더 잘 팔린다는 속설에는 '라면은 열등재다.'라는 전제가 깔려 있다. 대개의 상품은 소득이 늘수록 소비량도 늘게 마련이다. 이런 상품들을 '정상재normal goods'라고 부른다. 그런데 어떤 상품들은 소득이 늘수록 소비가 줄어들고, 반대로 소득이 줄수록 그 양이 늘어난다. 이런 예외적인 현상을 '열등재inferior goods'라고 부르는데, 라면이나 소주가 그 대표적인 예이다.

처음부터 어떤 상품은 열등재이고 어떤 상품은 정상재라는 식으로 따로 정해져 있는 것은 아니며, 모든 상품은 대개의 경우에는 정상재이다가 어떤 경우에는 열등재가 된다. 가령 김치에 라면만 먹던 백수도 취업을 하면 라면 대신 삼겹살을 구워먹게 된다. 라면이 열등재가 되는 것이다. 그러나 이 청년이 승진을 하고 월급도 오르게 되면 이제 삼겹살 대신 쇠고기 꽃등심을 먹을 것이다. 아까는 정상재였던 삼겹살이 이제는 열등재가 되는 것이다. 이 청년이 로또에 당첨되면 곰 발바닥만 먹게 될까?

소득 대신 가격에 대해서도 비슷한 현상이 일어날 수 있다. 대부분의 상품들은 가격이 오르면 수요가 줄어들고 가격이 떨어지면 수요가 늘어난다. 똑같은 상품이 더 싸지면 더 많이 소비할 것은 당연하다. 그러나 어떤 경우에는 반대의 현상이 일어나는데, 정상재와 열등재가 함께 소비되는 경우이다. 가령 혼분식 장려 운동이 벌어지던 1960년 대의 우리 서민들은 대부분 쌀과 보리를 섞어 밥을 지었다. 그런데 만약 보리 값이 오른다면 보리 소비가 줄어들까? 보리의 소비를 줄이기 위해서는 쌀의 소비를 늘려야 한다. 그러나 쌀값은 보리 값보다 비싸고 한정된 소득으로는 쌀의 소비를 늘릴 수 없다. 그래서 서민들은 보리의 가격이 오를수록 쌀의 소비를 줄이고 그 돈으로 보리를 더 많이 소비하게 되는 것이다. 이런 상품을 '기펜재Giffen's goods'라고 한다. 이름에서 금방 짐작했겠지만, 기펜Robert C. Giffen이라는 영국의 경제 학자가 처음 이야기했다. 돼지고기와 쇠고기, 소주와 양주, 마가린과 버터의 관계가 대표적인 예이다. 기펜재는 열등재의 특수한 경우인데, 조금 어렵게 말하자면 열등재 가운데서 소득 효과가 대체 효과보다 더 큰 경우를 말한다.(아무래도 어려운 이야기는 괜히 한 듯싶다.)

불황일수록 라면이 더 많이 팔리는 것은 아니더라도 불경기에 다른 상품들의 소비가 줄어들 때 라면의 소비는 줄어들지 않는다면 상대적으로 생활비에서 라면이 차지하는 비중은 커질 것이다. 이처럼 식료품 비 지출은 불황이든 호황이든, 저소득층이든 고소득층이든 일정한 경향을 가지고 있다. 불경기라고 해서 식료품비를 어느 정도 이하로 줄일 수는 없기 때문이다. 이는 반대로 소득이 증가하거나 경기가 호전되더라도 식료품비는 크게 늘어나지 않는다는 의미가 되기도 한다.

식료품비의 이런 특성을 이용한 것이 '엥겔계수'이다. 간단히 말해서 가계의 총지출에서 식료품비가 차지하는 비율이다. 1857년 독일 작센의 통계국장이던 엥겔Ernst Engel이 153세대의 가계 지출을 조사한 결과 저소득 가계일수록 지출 총액 중에서 식료품비가 차지하는 비율이 높고, 고소득 가계일수록 그 비율이 낮다는 사실을 발견했다. 이를 '엥겔의 법칙'이라고 하는데, 총 지출액 중 식료품비 비율 25퍼센트 이하는 최상류, 25~30퍼센트는 상류, 30~50퍼센트는 중류, 50~70퍼센트 이하는 하류, 70퍼센트 이상은 극빈층으로 구분한다.

물론 엥겔의 법칙은 나라마다 음식에 대한 문화적 차이가 있다거나, 최근 들어서는 선진국일수록 유기농 식품 등에 대한 선호가 높아졌다는 등의 현상은 반영하지 못한다. 따라서 절대적으로 해석해서는 안 되며, 단지 대체로 그렇다는 정도로 이해해야 옳다. 아무튼 이와 같은 원리는 불경기와 호경기에 대해서도 적용할 수도 있다. 당연히 불경기에는 엥겔계수가 높고 호경기에는 엥겔계수가 낮아지기 때문이다. 그렇다면 우리나라의 엥겔계수는 얼마나 될까? 한국은행에 따르면 2009년 우리나라의 엥겔계수는 13퍼센트로 2001년 이후 가장 높다. 요즘 경제가 어렵기는 확실히 어려운가 보다.(경제를 살리라고 뽑았는데.)

열등재와 정상재는 처음부터 다른 것이 아니다. 소득이 올라가면 정상재도 열등재가 되고, 반대로 경기가 나빠지면 열등재도 정상재가 된다. 이렇게 보면 열등재니 정상재니 하는 이야기는 모두 상대적인 개념이다. 그런데 우리가 살고 있는 이 세계에서는 대부분의 보통 사람들이 누리는 최소한의 생존 수준을 꿈꾸지도 못하는 어린이들이 있다. 우리가 열등재라고 말하는 라면도 개발도상국의 가난한 어린이들에게는 우등재를 넘어 사치재일 수 있다. 우리가 유니세프UNICEF 같은 국제기구에 기부하는 몇천 원이 이 어린이들에게 얼마나 큰 행복이겠는가?

12

밥그릇이 줄어들어도
구두 굽은 높아진다

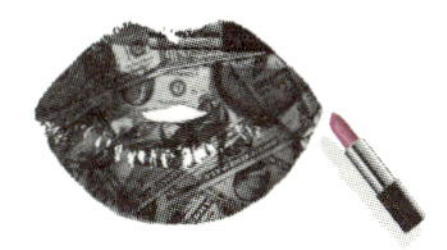

가난한 처녀는 어머니의 장례식에 빨간 구두를 신고 가야 했다. 그녀가 가진 유일한 신발이었기 때문이다. 처녀는 부유한 할머니의 양녀가 된다. 할머니는 빨간 구두를 못 신게 하지만, 처녀는 눈이 어두운 할머니를 속이고 빨간 구두를 신은 채 교회에 간다. 할머니가 병에 걸려 누워 있을 때도 처녀는 할머니를 버려 둔 채 또 빨간 구두를 신고 무도회에 간다. 그런데 어쩐 일인지 이제는 춤추기를 그치려 해도 빨간 구두는 벗겨지지 않는다. 처녀는 가시밭길과 돌밭 위를 춤을 추며 지나간다. 며칠을 그렇게 춤추다 처녀는 망나니에게 간다.

"내 발목을 잘라 주세요."

—안데르센의 동화 《빨간 구두》

인기 있는 미국 드라마 〈섹스 앤 더 시티Sex and the City〉에서 여주인공 사라 제시카 파커는 이렇게 외친다. "다른 건 다 훔쳐도 마놀로만은 절대 안돼!" 그녀가 외친 마놀로란 바로 유명 구두 디자이너인 마놀로 블라닉Manolo Blahnik의 구두를 가리킨다. 이 드라마는 세련되고 자신감 넘치는 뉴욕의 전문직 여성이라면 당연히 구두 중독자여야 한다는 생각을 전 세계 여성들의 머리에 심어 놓았다.

과거 필리핀의 독재자 마르코스 대통령이 민중 시위로 물러났을 때 부인인 이멜다의 신발장에서 발견된 수백 켤레의 구두가 전 세계의 화제가 된 적이 있다. 사람마다 정도의 차이야 있겠지만, 여성들이 구두에 흥분하는 것만은 사실인 듯하다. 최근 어느 광고에서도 여성들로 하여금 비명을 지르게 하는 것은 구두뿐이라는 사실을 소재로 삼았다. 정말로 맥주가 남성들로 하여금 더 큰 비명을 지르게 하는지는 모르겠지만 말이다.

어째서 안데르센의 작품들이 '동화'라는 이름으로 어린이들에게 읽히고 있는지 모르겠다. 안데르센의 작품들은 요즘 식으로 말하자면 청소년들이 좋아하는 판타지 소설이나 호러물, 엽기물이라고 불러야 옳다. 그의 작품들에서 인어가 사람이 되고 사람이 백조가 되는 등의 변신 수법도 그렇지만, 그보다 더 중요하게는 그의 작품들이 다루는 소재가 주로 질투, 증오, 복수, 파멸들 같이 성인이 아니면 이해하기 어려운 복잡한 감정과 행동들이기 때문이다.

하기야 안데르센만 그런 것이 아니다. 우리가 아는 동화들은 뜻밖의 잔혹한 결말을 가지고 있는 것이 보통이다. 가령 《백설공주》에서 마음씨 나쁜 왕비는 불에 달군 쇠 구두를 신고 죽을 때까지 춤추라는 벌을 받는다. 그런데 본래 안데르센이 쓴 이야기 속의 왕비는 우리가 아는 동화와는 다르게 백설공주의 친엄마이다. 원래 이야기 속에서 엄마가 딸을 죽이고 싶도록 증오한 까닭은? 백설공주가 아버지인 왕과 근친상간에 빠졌기 때문이다. 이런 충격적인 결말은 모두 외국 이야기에만 등장하는 것일까?

우리 동화 《콩쥐팥쥐》 속 콩쥐는 원님과 결혼해 행복하게 사는 것이 아니라 팥쥐에게 죽임을 당한다. 원님은 그 복수로 팥쥐를 죽여 젓갈을 담근다. 이 얼마나 잔혹한 결말인가?

《콩쥐팥쥐》는 《신데렐라》와 이야기 구조가 거의 유사한데, 이에 대해 전래 동화나 설화가 지역을 초월해 유사한 구조를 보이는 경우라고 설명하는 학자들도 있지만, 《콩쥐팥쥐》를 우리나라의 '전래' 동화가 아니라 《신데렐라》의 번안물이라고 보는 학자도 있다.

불황과 여성에 관한 속설 가운데에는 가장 대표적인 것이 세 가지 있다. '불황일수록 미니스커트가 잘 팔린다는 것' '불황에는 립스틱이 잘 팔린다는 것' 그리고 '불황에는 여성들의 구두 굽이 높아진다는 것'이 바로 그 세 가지이다. 두 가지는 이미 이야기한 것인데, 그렇다면 마지막으로 불황일수록 여성들의 굽이 높아진다는 것이 사실일까?

하이힐high heels이란 일반적으로 뒷굽이 가늘고 높은 여성용 구두를 의미한다. 그런데 과연 굽 높이가 몇 센티미터 정도가 돼야 '하이' 힐이라고 불릴까. 구두 굽의 높이에 국제연합이나 세계무역기구가 정한 국제 기준 같은 것이 있을 리 없지만 일반적으로 10센티미터 이상 되는 신발을 '하이힐'이라 부르고, 6~8센티미터의 굽은 미들힐middle heel, 그보다 낮은 굽의 구두는 플랫 슈즈flat shoes로 부르는 것이 보통이라고 한다. 원래 유럽에서는 앞굽이 높은 여성용 구두를 플랫폼 슈즈platform shoes라고 부르고 뒷굽이 뾰족한 것을 스틸레토stiletto라고 부른다. 스틸레토는 이탈리아어로 '송곳 모양의 단검'이라는 의미인데, 스틸레토의 굽 높이는 다양하지만, 뒷굽이 땅에 닿는 부분의 지름은 1센티미터를 넘지 않는다고 한다.

최근에 유행하는 '킬힐kill heel'은 하이힐 가운데도 굽 높이가 10~15센티미터 이상으로 특히 높은 구두를 가리킨다. 킬힐이라는 이름은 우마 셔먼이 주연한 영화 〈킬빌Kill Bill〉에서 패러디했다는 설과, 구두 굽이 너무 높아 패션쇼 도중에 모델들이 자주 넘어져서 유래했다는 설이 있다. 유명한 슈퍼 모델 나오미 캠벨naomi cambell이 한 패션쇼에서 무려 40센티미터 높이의 힐을 신고 걷다가 넘어져 화제가 된 적이 있다. 이런 연유로 어떤 이는 킬힐이라는 이름대신 '킬러 힐killer heel'이라고 부르기도 한다. 킬힐 가운데서도 영화 〈글래디에이터Gladiator〉에 나오는 검투사들의 신발처럼 여러 개의 가는 줄로 발등을 동여맨 신발은 '글래디에이터 슈즈'라고 부른다.

업계에 따르면 미국에서는 7인치 이상의 킬힐이 여성 구두 판매의 25퍼센트를 차지하고 있다고 한다. 영국의 일간지 〈데일리메일Daily Mail〉은 킬힐의 유행에 발맞춰 유명 브랜드들이 앞다퉈 7인치가 넘는 신제품을 선보이고 있다고 보도했다. 이런 킬힐 열풍을 선도하는 것은 역시 연예인들이다. 외신을 보면 최근 외국의 유명 스타들이 20~25센티미터에 육박하는 킬힐을 신고 패션쇼가 아닌 공공장소에 나타나는 경우가 많다고 한다.

한 예로 지난 5월 메트로폴리탄미술관에서 열린 '2009년 코스튬 갈라쇼'에 참가한 영국의 축구 스타 데이비드 베컴의 아내 빅토리아는 20센티미터가 넘는 '크리스티앙 루부탱_{Christian Louboutin}'의 검은색 힐을 신고 등장했다. 우아하고 귀족적인 이미지로 알려진 여배우 기네스 펠트로도 한 영화 시사회에서 18센티미터 높이의 킬힐을 신고 나타나, 그 덕분에 이 제품이 인터넷 쇼핑몰에서 선풍적인 인기를 누리기도 했다. 심지어 영국의 유명 사회자인 홀리 윌로비는 임신한 상태에서 20센티미터 높이의 킬힐을 신고 한 시상식장에 참석해 언론의 주목을 받기도 했다.

그런데 실제로 불황일수록 킬힐이 유행한다는 것은 단순히 여성들이 하이힐을 좋아한다는 것과는 다른 의미이다. 왜 여성들은 불황일수록 높은 굽의 구두를 선호할까? 그 이유는 여성들이 불황일수록 화려한 색의 립스틱을 더 좋아한다는 것과 다르지 않을 것이다. 경기가 나빠지고 지갑이 얇아지니 대개의 여성들은 비싼 의상에 선뜻 지출을 결심하기 어려워진다. 때문에 적은 비용으로도 남의 눈에 잘 띄는 아이템을 고민하다 보니 화려한 립스틱과 마찬가지로 굽 높은 구두를 선택하게 되는 것이다. 물론 이러한 속설에도 당연히 반대되는 의견이 있다. 경기가 어려울수록 대부분의 소비자들은 멋이나 화려함을 챙기기보다 실속을 따지게 되고, 값싸고 튼튼한 상품을 더 선호하기 마련이다. 물론 립스틱처럼 불황이라고 해도 지출이 줄지 않는 아이템도 있지만, 대부분의 경우에는 역시 실용적인 아이템이 인기를 끈다. 따라서 불황에는 일하거나 활동하기 불편한 하이힐보다 편하고 실용적인 굽 낮은 구두를 선호한다는 것이다.

그렇다면 과연 누구의 말이 더 옳을까? 신문 보도를 보니 두 가지 주장이 모두 옳다고 한다. 어리둥절한 일이지만 사실이다. 대표적인 인터넷 쇼핑몰 G마켓에 따르면 2009년 상반기 온라인 판매 1위를 차지한 상품이 바로 킬힐이라고 한다. 조사 기간 동안 굽 높이 10센티미터 이상의 킬힐 판매는 총 100만 건을 기록하며 당당히 1위를 차지했다. 킬힐의 인기는 특히 불황일수록 미니스커트가 인기 있다는 사실과도 무관하지 않은데, 미니스커트에 가장 잘 어울리는 패션 소품이 바로 킬힐이기 때문이라고 한다. 뿐만 아니라 킬힐의 뒤를 이어 아이돌 그룹 소녀시대가 입었던 몸에 딱 붙는 청바지인 스키니진이 화려한 색상별로 60만 건을 기록하며 2위에 올랐다. 불황일수록 립스틱이 잘 팔린다는 속설처럼, 불황에는 한두 가지 아이템으로 자기를 돋보이고자 하는 여성들의 욕구가 바로 울긋불긋한 스키니진이 인기를 끄는 이유로 설명된다.

그러나 불과 며칠 사이를 두고 보도된 다른 신문 기사를 보면 정반대의 이야기가 실려 있다. 즉, 불황에 킬힐이 잘 팔린다는 속설은 맞지 않으며, 요즘에는 오히려 플랫 슈즈가 잘 팔린다는 것이다. 역시 G마켓의 경우인데, 2009년 3~5월 사이 여성화 판매 추이를 보면 전체 매출 중 하이힐의 비중이 지난해 30퍼센트에서 올해 13퍼센트로 급감했다. 반면 굽이 2~3센티미터 이하인 플랫 슈즈의 비중은 40퍼센트에서 50퍼센트로 늘었다. 전문가들은 그 이유를 불황의 영향으로 모양새 대신 실용성을 중시하는 소비자들이 늘고 있기 때문이라고 설명하고 있다. 미니스커트도 마찬가지다. 신세계나 롯데백화점의 의류 매출 동향을 보면 티셔츠를 비롯한 캐주얼 상품이 작년에 비해 눈에 띄게 잘 팔린다고 한다.

신문 기사조차도 이렇게 나뉘니 도대체 누구의 말이 옳은 것일까? 설마 누군가 한 사람, 아니 한 신문사는 거짓말을 하고 있는 걸까? 물론 그렇지는 않다. 롯데백화점의 판매 담당자에 의하면 올 여름은 굽이 높은 킬힐과 굽이 낮은 플랫 슈즈 등 구두의 종류에 상관없이 골고루 인기를 얻고 있다고 한다. 누가 거짓말을 한 것이 아니라 너도 옳고, 나도 옳은 것이다. 다만 신문에서는 마치 나도 옳다가 아니라 '나만 옳다'로, 너도 옳다가 아니라 '너만 옳다'고 기사가 게재되어 독자들로 하여금 혼란을 일으키게 만든 것뿐이다. 아무튼 이런 속설도 옳고 저런 속설도 옳다면, 이런저런 속설들에 휘둘릴 것이 아니라 세상을 똑바로 보는 지혜를 길러야 하지 않겠는가? 세상을 똑바로 보기 힘들다면 신문 기사라도 똑바로 읽자는 말이다.

킬힐은 말 그대로 목숨을 걸고 신어야 할 만큼 위험한 구두이다. 그런데도 여성들 사이에서 킬힐의 인기는 그야말로 죽음을 무릅쓸 정도다. 굳이 킬힐 정도의 높이까지는 아니더라도 여성들이 하이힐을 좋아하는 이유는 당연히 그것이 여성들의 성적 매력을 가장 잘 드러내 보여 주기 때문이다. 하이힐은 여성들의 키를 더 크게 보이게 할뿐 아니라 자연스럽게 가슴이 앞으로 나오고 엉덩이가 들려지게 한다. 이처럼 여성들의 성적 매력을 숨김없이 드러낸다는 이유로 하이힐은 한때 '마녀의 물건'으로 취급받기도 했다. 그러나 예전이나 지금이나 우둔한 남자들이 이해하지 못하는 것은, 여성들이 성적 매력을 드러내 보이려는 이유가 결코 남자들에게 보이기 위해서가 아니라 스스로 만족하기 위해서라는 사실이다.

그렇다면 여성들이 이처럼 높은 굽의 구두를 신게 된 것은 언제부터일까? 중세에서 근대로 넘어오는 과정의 유럽에서는 국왕에게 모든 권력이 집중되어 국왕이 절대적인 권력을 행사하던 시기가 있었는데 이를 절대주의絶對主義라고 부른다. 영국의 절대주의를 대표하는 인물은 바로 엘리자베스 1세이고, 프랑스는 "짐이 곧 국가다."라고 말했던 루이 14세다. 얼마나 절대적인 권력을 휘둘렀으면 별명이 '태양왕'이었을까? 그러나 이런 루이 14세도 어린 나이에 국왕이 된 직후는 한동안 귀족들의 권세에 생명의 위협을 느끼기도 했다. 그는 장성하여 드디어 권력을 장악하였으나 귀족들이 득세하고 있던 파리에 환멸을 느끼고 멀리 떨어진 시골에 자신의 왕궁을 지었다. 이것이 바로 오늘날 프랑스 국민들을 적잖이 먹여 살리고 있는 베르사유 궁전이다.

유네스코의 세계 문화유산으로 선정된 베르사유 궁전은 완벽한

여성들이 때로는 발목을 잃어가면서까지, 심지어는 목숨을 버려 가면서까지 굽 높은 구두에 끌리는 이유는 도대체 무엇일까? 어느 골드미스의 말을 빌리면 구두는 섹스와 같기 때문이란다.

아름다움을 보여 주는 건축물이다. 그런데 이 베르사유 궁전에는 화장실이 없었다. 그렇다면 그 궁전에서 살던 왕족들과 화려한 파티에 참석한 귀족 및 귀부인들은 용변을 어떻게 해결했을까? 궁전에 상주하는 왕족들의 경우에는 요강을 썼다. 귀족이나 시민들도 자기 집에서는 요강을 사용하는 것이 보통이었다. 재미있는 일은 루이 14세의 요강을 치우는 일이 대단한 특권이어서 그 자리를 차지하기 위해서 상당한 액수의 뇌물이 오갔다고 한다.(요즘이라고 그런 일이 없을까?)

아무튼 파티에 참석한 귀족들의 경우에는 사정이 좀 다르다. 요강을 손에 들고 파티에 올 수는 없으니 말이다. 귀족이라고 별 다른 방법이 있었겠는가? 남들이 안 보는 정원 으슥한 곳에 들어가 몰래 해결할 수밖에. 그러자 이제는 정원을 관리하는 정원사와 하인들이 골치를 떠안게 되었다. 차라리 잘 보이는 곳에다가 일을 보면 치우기라도 쉬울 텐데, 신분 높은 분들이랍시고 모두들 안 보이는 구석에 숨어서 일을 보니 치우는 일이 여간 귀찮은 것이 아니었다. 그래서 생각다 못한 정원사가 "정원에서 일을 보지 마시오."라고 적은 팻말을 궁전 곳곳에 세워 놓았는데, 이 팻말을 '에티켓etiquette' 이라고 불렀다. 오늘날 우리가 예의범절을 이르는 말로 사용하는 에티켓이 실은 '정원에 똥 싸지 말라' 는 뜻이었던 것이다.

근엄하고 화려하기 짝이 없는 궁전에도 화장실이 없었는데, 그 당시 평범한 파리 시민들의 가정에는 과연 화장실이 있었을까? 당

하이힐의 기원에 대해서는 다른 주장들도 많다. 중세의 남성들이 말을 탈 때 가죽 끈에 발을 더 밀착시키기 위해 굽을 높인 것이 하이힐의 원조라는 설도 바로 그것이다. 단신이었던 루이 14세가 키를 조금이라도 커 보이게 하려고 신은 것이 귀족들 사이에서 유행하게 됐다는 설도 있다. 이처럼 원래 남성들이 주로 신던 하이힐이 오늘날처럼 여성들이 신는 구두가 된 것은 16세기 이탈리아 출신의 프랑스 왕비 카트린 드 메디치Catherine de Medicis가 작은 키를 보완하려고 앞굽이 높은 이탈리아식 구두를 신고 다닌 것이 유행하면서부터이다. 르네상스 시대 이탈리아의 권력 집안이었던 메디치 가문에서 태어난 카트린은 정치적 명목에 의해 프랑스의 앙리 2세와 결혼한다. 남편이 사고로 죽고 장남 프랑수아 2세와 차남인 샤를 9세, 막내아들 앙리 3세가 연이어 즉위하면서 황태후로서 섭정을 맡게 된다. 당시의 프랑스는 칼뱅주의를 따르는 신교도(위그노)와 구교도 간의 갈등이 극에 달했는데, 카트린의 딸 마르그리트와 훗날 앙리 4세가 되는 앙리 드 나바르와의 결혼식 날에 구교도들이 결혼식에 참석하기 위해 온 신교도들을 무참히 학살한 사건이 바로, 성바르톨로메오의 대학살(1572)이다.

연히 있었을 턱이 없다. 그렇다면 파리 시민들은 어떻게 용변을 해결했을까? 아마 40대가 넘은 분들은 어릴 적에 요강을 사용했던 기억이 있을 것이다. 당시의 파리에서는 집집마다 요강이 있어서 그것으로 용변을 해결했다. 문제는 아침이면 요강이 가득 찬다는 것이었다.

시민들은 아침마다 이층 창문을 열고 거리로 오물을 부어 버림으로써 요강을 비웠다. 문화와 예술을 사랑하는 파리 시민들이 그럴 리 없다고? 파리 시민인들 이슬만 먹고 살 수는 없잖은가? 그래서 당시의 파리 거리는 온통 오물 천지였다는데 그래서 만들어진 발명품이 두 가지 있다. 바로 양산과 하이힐이다. 양산은 당연히 갑자기 머리 위로 떨어지는 오물을 맞지 않기 위한 것이고, 하이힐은 거리에 넘치는 오물을 밟지 않기 위한 것이었다. 당연히 당시의 하이힐은 여성들만의 전유물이 아니라 남성과 여성 모두가 사용했던, 아니 사용하지 않을 수 없었던 필수품이었다.

그런데 발이 여성들의 성적 매력과 매우 밀접하게 여겨져 온 예는 킬힐말고도 또 있다. 가령 근대 이전 중국 여성들이 했던 전족纏足이 바로 그것이다. 전족이란 중국에서 여자의 발을 인위적으로 작게 만들기 위해서 헝겊으로 묶던 풍습, 또는 그렇게 묶은 발을 말한다. 전족의 풍습이 생긴 시기나 그 이유는 확실하지 않다. 송宋나라 말기의 저술가인 장방기張邦基가 쓴 《묵장만록墨莊漫錄》에는 전족이 그 시대에 생겼다고 하지만, 다른 설에 의하면 당나라 때 오랑캐 여

전족과 킬힐, 두 가지 모두 '발의 잔혹사'이다. 하지만 그러한 잔혹을 누군가가 강요했는가
스스로 선택했는가를 묻는다면 그 의미는 전혀 달라진다.

인들이 발끝으로 추는 춤이 유행했는데 이것이 중국 전체로 확산됐다고도 한다. 전족이 그처럼 널리 퍼진 이유에 대해서는 여성들의 성적인 매력을 두드러지게 하기 위해서였다는 설과 돈을 주고 사온 첩이나 여종들이 도망가지 못하게 하기 위해서라는 설이 있다. 전족은 명대明代에 특히 성행했으며, 청대淸代에 와서는 조정에 의해 금지령이 내려지기도 했으나 효과는 없었다.

전족을 하는 방법은, 여자아이가 3~6세일 때 가로 10센티미터, 세로 2미터 정도의 헝겊을 발에 동여매고 엄지발가락 이외의 발가락을 발바닥 방향으로 접어 넣듯 묶어 조그만 신에 고정시킨다. 전족을 하면 발은 당연히 정상적으로 자랄 수 없었는데, 당시 중국인들이 가장 이상적으로 생각된 발 길이는 대체로 10센티미터 정도였다고 한다. 전족을 하면 고통도 심하여 바로서기나 걷기 등이 모두 불안정하여 발끝으로 서서 걷는 모양이 되고, 자세도 허리 부분이 튀어나와 팔자걸음을 걷게 된다. 그런 걸음걸이 모습이 남성들에게 성적 매력을 느끼게 한다는 것이다. 전족을 한 여성은 성행위 때 쾌락을 더 주기 때문이라는 희한한 설도 있다.

과연 다른 이의 육체를 강제로 고통스럽게 해 놓고 어떤 쾌락을 느낄 수 있었는지 모를 일이지만, 더욱 황당한 일은 전족이 널리 유행할 당시 여성들 자신도 그것을 당연시하는 것은 물론 오히려 고귀한 신분의 상징으로 자랑스럽게 여겼다는 것이다. 전족이란 결국 부와 지위를 가진 자들이 여성을 희생시켜 변태적인 만족을 추구하던 행위였을 뿐이다. 생존을 걱정해야 할 농민들에게 그따위 변태적인 향락을 추구할 여유가 어디 있었겠는가? 전족을 한 발을 '소각小脚', 전족을 하지 않은 발을 '대각大脚'이라고 불렀는데, 대각은 하층민의 발이라 하여 천시됐다. 남성들에게는 물론 같은 여성들로부터도 말이다.

13

한 모금에 불안을, 한 모금에 시름을

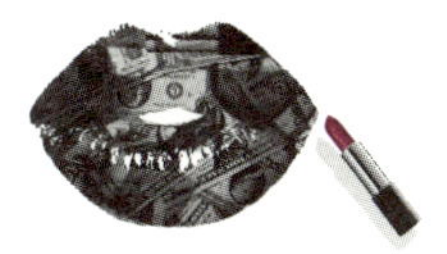

라면이나 소주가 대표적인 불황 상품으로 꼽히는 이유는 바로 열등재이기 때문이다. 열등재란 다른 상품들, 특히 대체 관계에 있는 정상재들과 비교했을 때 상품의 질이나 효용이 떨어진다는 것을 의미한다. 그렇다면 담배는 왜 불황 상품일까?

이미 언급한 것처럼 열등재니 정상재니 하는 상품들이 처음부터 정해져 있는 것은 아니다. 어느 소득 수준에서는 정상재던 상품도 소득이 더 높아지면 열등재가 될 수 있다. 그러므로 담배가 불황 상품인 이유는 꼭 열등재이기 때문은 아니며, 담배 그 자체가 가지고 있는 효용 때문이라고 보아야겠다.

가령 불황일 때 부부 싸움을 더 많이 할까, 호황일 때 더 많이 할까? 몸은 가난해도 마음은 부자라는 사람들도 있지만 솔직히 우리 부부는 돈이 없을 때 더 자주 싸운다. 아마 대부분의 사람들이 그럴 것이다. 불황일수록, 사업이 안 될수록, 고용이 불안정할수록, 소득이 줄어들수록 사는 것이 힘들고 짜증스럽고 울화가 치밀어 가족들끼리도 섭섭한 일이 많아지는 것이다. 이럴 때 마음을 다스리는 좋은 방법들이 많다. 골프도 있고 승마도 있고 요트도 있다. 훌쩍 배낭 하나 메고 유럽이나 한 바퀴 돌면서 구찌나 루이비통 핸드백을 쇼핑하는 것도 역시 좋은 방법이다. 문제는 그걸 몰라서가 아니라 그럴 형편이 안 된다는 것. 그래서 보통 사람들은 뻑뻑 줄담배나 피워대는 것 아닌가?

담배가 서양에 전해진 것은 신대륙의 발견 이후이다. 신대륙으로부터 유럽으로 건너간 물건들을 가리키는 말 가운데 "악마의 저주, 신의 혜택"이라는 말이 있다. 신의 혜택이란 바로 감자를 가리키며 악마의 저주란 물론 담배를 가리킨다. 감자가 처음 전해졌을 때 유럽인들은 그것을 먹기 꺼려했다고 한다. 열매든 곡식이든 당연히 땅 위에 열려야 옳은데, 땅속에 열린 것을 어떻게 먹느냐는 의식이 강했기 때문이다. 당시는 교회의 영향력이 컸던 만큼 땅속은 악마가 지재하는 영역이라는 미신도 강했다.

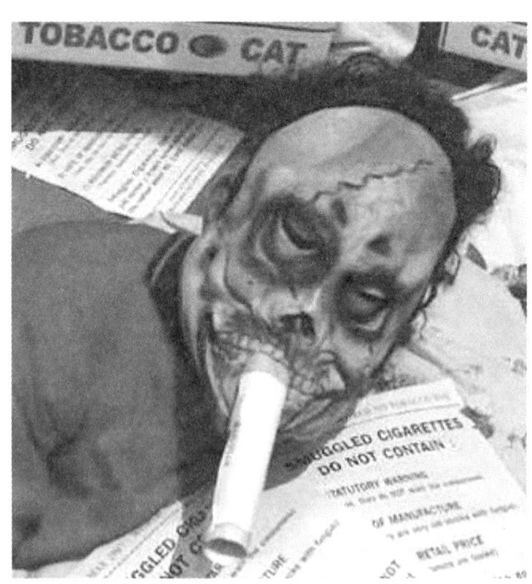

"담배는 자위의 등가물이다." 누가 한 말일까? 현대 심리학의 아버지인 지그문트 프로이트다.

그러나 몇 차례의 대기근에서 유럽의 가난한 농민들을 살린 것은 바로 그 감자였다. 물론 신대륙이 유럽 사회에 전해 준 것은 담배와 감자만이 아니다. 옥수수, 가지, 고추 등의 작물도 신대륙에서 유럽으로 건너갔다. 신대륙이 전해 준 가장 치명적인 저주는 바로 매독이었다. 하지만 매독이 유럽인들에게 내린 재앙은, 유럽인들이 신대륙으로 가져간 천연두와 다른 질병들의 재앙과 비교하면 아무 것도 아니었다.

콜럼버스의 일행들이 원주민들을 만났을 때, 그들은 불붙은 대롱을 들고 있었다고 한다. 그들은 대롱의 한쪽에 불을 붙이고 다른 쪽을 씹거나 빨면서 연기를 들이마셨다. 이렇게 하면 육체가 마비되어 피곤을 느끼지 않는다는 것이었다. 아메리카 원주민들은 기원전 5000년에서 3000년 사이에 이미 담배를 재배한 것으로 짐작된다. 처음에 담배는 지금처럼 기호품으로 사용되기보다 의식에 사용하거나 질병 치료용으로 사용했던 것 같다. 제사를 지낼 때 몸에 연기를 쐼으로써 더러운 것들을 정화하고자 했던 것이다. 또한 담배는 여러 질병들에 효과가 있다고 여겨져 왔다.

담배라는 말을 들으면 많은 사람들은 곧 '니코틴nicotine'을 떠올린다. 니코틴은 식물의 2차 대사 물질인 알칼로이드의 일종으로 담배와 같은 가지과 식물의 잎에 주로 존재한다. 니코틴은 말초신경을 흥분시키거나 마비시키는 작용을 하며, 동물에게 각성 효과를 일으킨다. 담배라는 이름은 1550년 담배를 처음 프랑스에 가져온장 니코Jean Nicot라는 외교관에게서 유래했다. 담배의 유해성에 대해서는 잘 알려져 있지만, 사실 니코틴 자체는 발암물질이 아니라고 한다. 그것 자체는 유해성 물질이 아니지만 중독성이 있어서 피우면 피울수록 더 많은 담배를 피우게 하고, 따라서 담배에 들어 있는 다른 발암물질들을 더 많이 흡수하게 만든다는 것이다. 그래서 요즘 흔히 눈에 띄는 금연 보조제들은 담배 이외의 방법으로 니코틴을 공급해 줌으로써 담배를 덜 피우게 하는 데 효과가 있다.

호랑이 담배 피우던 시절이라는 말도 있지만 알고 보면 담배를 피우기 시작한 시절은 지금으로부터 그리 멀지 않다. 담배가 우리나라에 전해진 것은 임진왜란 직후인 1600년대 초반이기 때문이다. 이때 우리나라에 담배와 함께 처음 들어온 작물은 고추, 고구마, 감자 등이다. 조선 시대에는 지금처럼 담배 예절이 엄격하지 않아 아버지와 아들이 맞담배를 피는 경우가 흔했다고 한다. 예절도 시대에 따라 변하는가 보다.

예절과는 사뭇 다른 이야기지만 구한말에 우리나라를 방문했던 서양 선교사들의 기록을 보면 일고여덟 살 남짓한 어린아이들이 담뱃대를 물고 다니는 모습을 보고 놀랐다는 기록이 있다. 당시에는 담배가 배앓이에 좋다는 민간 속설 때문에 어머니들이 아이에게 일부러 물려 주었다는 것이다.

담배 하면 생각나는 사람이 있는데 시인 공초空超 오상순吳相淳 선생이다. 이 시인은 아침부터 저녁까지 담배에 단 한 번만 불을 붙였다고 한다. 하루에 한 개피만 피웠다는 뜻이 아니라, 담배를 입에서 놓는 법이 없이 또 피우고 또 피워서 한 번만 불을 붙이면 되었다는 것이다. 오죽했으면 호號도 '꽁초'라고 지었겠는가?

담배의 해악을 강조하는 사람들 가운데는 담배가 마리화나, 즉 대마초보다 더 유해하다고 말하는 사람들이 있다. 담배가 마리화나보다 중독성 ─ 전문 용어로는 의존성이라고 부른다 ─도 강하고 발암물질을 비롯한 유해 성분도 더 많다는 것이다. 하기야 담배를 많이 피워 폐암으로 죽었다는 사람은 많이 봤지만 대마초를 많이 피워 죽었다는 사람은 못 본 것 같다. 그렇다면 담배는 합법적으로 팔리는데 대마초 판매는 왜 대부분의 나라에서 불법일까? 마리화나 합법화를 요구하는 이들은 그것이 담배 회사들의 로비 때문이라고 주장한다. 거대 담배 회사들이 수익을 극대화하기 위해서 담배의 가장 강력한 경쟁 상품 ─ 앞에서 배운 용어를 잠시 빌리면 대체재─인 마리화나를 마약으로 분류하고 불법화하도록 만들었다는 것이다. 전혀 근거 없는 주장은 아니겠지만, 여전히 궁금하기는 하다. 담배에 유해성이 크다고는 하지만 마리화나처럼 환각 작용을 일으키지는 않는다. 그래서 담배는 합법적이고 마리화나는 마약으로 분류되는 것 아닐까?

"담배 끊은 사람과는 사귀지 말라."는 말이 있다. 역설적이지만 그만큼 금연이 힘들다는 뜻이겠다. 그렇게 힘든 일을 해냈으니 얼마나 '모진 놈'인가 하는 말이다. 그런데 과거 정부의 보건복지부 장관 한 분이 담배 한 갑의 가격을 1만 원까지 올리겠다고 발표한 적이 있었다. 담뱃값을 올림으로써 금연 인구를 확대하겠다는 주장이었다. 이에 대한 국민들의 반응은 그다지 긍정적이지 않았는데, 무엇보다 그동안 여러 정부에서 툭하면 담뱃값을 올려서 정부의 주머니만 채웠기 때문이다. 정부가 전기 요금이나 지하철 요금과 같은 공공요금들을 인상할 때는 국민들의 저항이 크다.

그러나 흡연이라는 행위는 설령 법적으로는 아닐지라도 도덕적으로 그다지 내세울 만한 일이 못되다 보니 국민들의 저항도 적게 마련이다. 이 점을 여러 정부에서 악용한 데 대한 국민들의 불만이 만만찮았던 것이다. 국민들이 의지가 약해 금연을 못하니 정부가 도와주겠다는 식의 발표 내용도 국민들의 반감을 불러일으키기에 충분했다.

그렇다면 과연 담뱃값 인상은 금연을 확대하는 데 도움이 될까? 물론 100원이나 200원쯤 인상하는 것으로는 그다지 효과가 없다. 담배는 중독성이 있어서 그런 정도로는 금연을 유발하기 어렵다. 앞의 장관님 말씀처럼 담배 한 갑이 1만 원쯤 한다면 아마 효과가 있을 것이다. 그러나 담뱃값 인상의 진정한 효과는 기존 흡연자의 금연을 확대하기보다 신규 흡연자를 감소시키는 데 있다. 대부분의 흡연자들은 청소년 때 호기심으로 흡연을 시작하는데, 담배 한 갑에 만 원이라면 청소년들이 구매하기에는 상대적으로 큰 액수이기 때문이다. 따라서 담뱃값 인상으로 인한 금연 효과는 분명히 있다. 다만 청소년들에 의한 주유소 혹은 편의점 습격 사건이 좀 더 빈번히 일어나리라는 것 정도는 감수해야 할 것이다.

　담뱃값이 한 갑에 1만 원쯤 하게 되면 아마 범죄 조직들에 의한 불법 담배의 유통이 확산될는지도 모르겠다. 가령 대마초 반입처럼 관세를 내지 않고 외국산 담배를 밀수한다든지, 아무도 모르게 생산 시설을 갖춰 놓고 불법 제조를 한다든지 하는 일도 발생할 수 있다. 겨우 담배라고 생각할지 모르지만 미국에서 마피아를 키우게 된 계기는 〈금주법〉이었다. 술의 생산과 음주가 금지되자 탈법의 스릴을 즐기려는 심리에서 음주는 더욱 확산되었고, 범죄 조직들은 경쟁적으로 밀주를 생산했던 것이다.

　미국의 어느 경제학자는 퍽 재미있는 사례를 발표한 적이 있다. 미국의 형사 드라마를 보면 범죄 조직들은 대개 마약 밀매로 자금을 버는데, 그렇다면 마약 밀매자는 엄청난 부자여야 옳다. 하지만 정작 마약 밀매자 대부분은 부모와 함께 산다는 것이다. 국제 테러 단체인 알 카에다의 비밀 기지를 습격했더니 마약이 아니라 디즈니 만화영화의 복제 DVD가 가득하더라는 이야기와 같은 맥락이다.

　말보로 담배의 모델들을 부르는 '말보로 맨Marlboro Man'은 단순히 담배만을 광고한 것이 아니었다. 그들은 남성적인 것은 곧 거칠고 폭력적이라는 마초 문화를 광고했다. 그러나 가장 유명한 말보로 맨 가운데 한 사람이었던 웨인 맥레인Wayne Mclaren은 "나는 흡연이 인명을 살상한다는 명백한 사실을 입증하고 죽는다."라는 말을 남기고 폐암으로 죽었다.

14

벗고 벗고
또 벗고

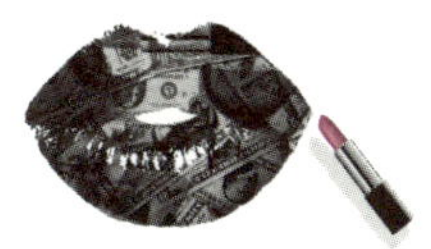

소파에 길게 누워 맥주와 팝콘을 먹으며 축구 경기를 보는 뚱뚱한 남자. 미국 드라마에서 백수가 등장할 때마다 나오는 그림이다. 우리나라에서는? 팝콘 대신 컵라면을 들고 있다. 아무튼 미국에서든 한국에서든 백수는 하루 종일 텔레비전만 본다. 왜? 시간이 많으니까? 아니다. 텔레비전을 보는 데는 돈이 안 들기 때문이다. 그렇다면 텔레비전 프로그램을 만드는 데 들어가는 비용은 누가 지불할까? 바로 광고주들이다. 결정적인 장면에서 꼭 광고가 나온다고 화내지 말라. 그 광고로 지불된 비용 덕분에 1분만 지나면 당신이 기다리면 그 결정적인 장면을 볼 수 있는 것이다.

몇몇 유명한 여배우들이 본업인 연기는 하지 않고 광고에만 출연한다고 논란이 된 적이 있다. 누구는 얼마를 받았느니 하는 말들이 끊이지 않고 화제가 될 만큼, 실제로 톱스타들의 광고 모델료는 서민들이 상상도 못할 수준이다. 그런데 정작 광고효과가 높은 광고는 유명한 스타가 나오는 광고가 아니라 아무도 안 볼 것 같은, 제품의 성능이나 효과에 대해 작은 글씨로 빽빽하게 소개해 놓은 광고들이라고 한다. 톱스타를 출연시킨 광고의 효과가 기대에 못 미치는 이유는, 심은하나 이영애 같은 미녀들이 광고에 나오면 소비자들은 미녀에 정신이 팔려 정작 그 광고가 팔려는 상품이 무엇인지에 관심이 없기 때문이다. 미안한 이야기지만 무슨 광고 대상 같은 것을 받는 광고들, 광고론 교과서에 나올 만한 광고들은 더 효과가 없다고 한다. 이런 광고들은 말하자면 작가주의 감독들의 예술 영화와 같아서 평론가들로부터 높은 평가를 받는다. 그러나 극장에서 수천만 명을 동원해도 수억 달러를 벌어들이는 영화는 예술 영화가 아니라 상업 영화인 것 같이 수익을 내는 광고들은 따로 있다.

광고에도 경기와 관련된 속설이 있다. 경기가 좋을 때는 텔레비전에서 우스운 광고가 많이 나오고, 경기가 나빠지면 같은 상품 이름이 반복되는 광고가 주를 이룬다는 것이다.

기분이 우울할 때는 행진곡 같은 즐거운 음악이 좋을까, 아니면 차이코프스키의 〈비창〉이나 바흐의 〈무반주 첼로 조곡〉 같은 음악들이 좋을까? "우울하니까 즐거운 음악을 듣겠지."라고 생각하기 쉽지만 정작 우울할 때 행진곡을 들으면 즐겁지 않다. 지금 나의 감정 상태와 음악이 너무 맞지 않기 때문에 전혀 감동을 주지 못하는 것이다. 광고도 마찬가지다. 불경기에는 즐겁고 긍정적인 광고가 어필할 것 같지만 현실에서는 소비자들에게 몰매나 맞지 않으면 다행이다. 불경기에 소비자들로 하여금 지갑을 열게 하려면 그들을 설득해야 한다. 그래서 상품 이름을 반복하는 것이다. 반대로 소비자들이 스스로 지갑을 열 마음의 준비가 충분히 되어 있는 호경기에는 그들의 기분을 맞춰 주기만 하면 되기 때문에 웃긴 광고로도 충분하다.

불황기에는 광고가 줄어든다는 속설도 있다. 불황에는 텔레비전의 광고 시간도 줄어들고 신문이나 잡지의 두께도 얇아진다고 한다. 불황일수록 꼭 필요한 비용이 아닌 광고비부터 줄인다는 것이다. 소비자들이 불황기에는 문화비부터 줄이는 것과 같은 이치다. 그러나 광고비 삭감은 장기적으로 기업의 수익에 좋지 않은 결과를 가져온다는 것이 정설이다. 지난 2000년 미국의 마케팅과학연구소가 불황기와 호황기에 183개 기업을 조사해 분석한 결과를 보면, 불황기에 광고비 지출을 늘린 기업은 회복 단계에서 4.3퍼센트의 수익을 낸 반면, 광고비를 축소한 기업은 0.8퍼센트의 이익을 내는 데 그쳤다는 것이다. 위기일수록 더 적극적인 경영 전략이 필요하다는 증거이다.

광고계에는 '3B의 법칙'이라는 말이 있다. 미녀Beauty, 어린이 Baby, 동물Beast이 나오는 광고는 성공한다는 것이다. 반대로 기업주가 직접 나오거나, 평범해 보이는 아저씨들이 나와 제품의 장점을 설명하는 광고의 효과가 더 크다는 주장도 있다. 그 이유는 바로 신뢰감을 주기 때문이라고 한다.

놀랍게도 광고는 기원전 3000년경부터 그 역사가 이미 시작됐다. 고대 바빌로니아의 상인들은 호객꾼을 따로 두어 행인들에게 상품을 선전하고 상점 앞에 상품 내용을 알리는 간판을 내걸었다고 한다. 아마 이것이 역사상 최초의 상업 광고일 것이다. 대영박물관에 전시된 기원전 1000년경 고대 이집트의 파피루스 종이에는 도망간 노예를 붙잡아 달라는 내용의 광고가 쓰여 있다고 한다. 오늘날로 치면 현상 수배 광고와 같은 것이다. 또한 터키 지역에서 고대의 매춘 광고가 발견되기도 했다.

상업 광고는 아니지만 왕들의 공적을 알리기 위해 만들어진 광고는 더욱 흔하게 발견된다. 1799년 이집트를 침공한 프랑스의 나폴레옹 군대가 나일강 하구의 로제타에서 발견한 로제타석에는 '태양의 아들이며 달의 아버지이며 인간의 수호자인 톨레미 왕' 이라는 내용이 새겨져 있다. 굳이 오늘날과 비교하자면 대통령 덕분에 40조 원이 넘는 원전 수출에 성공했다고 과장하는 청와대의 발표와 같다고나 할까?

아무튼 고대에서부터 이미 광고가 있기는 했지만 역시 상업 광고가 일반화되기 시작한 것은 근대에 와서이다. 여기에는 두 가지의 중요한 계기가 있는데, 하나는 인쇄술의 발명이고 다른 하나는 산업혁명이다. 산업혁명은 인류의 역사에서 처음으로 공업 제품 대량 생산의 시대를 열었다. 물론 산업혁명이 일어나자마자 대량 소비의 시대가 열렸다는 뜻으로 이해하지는 말자.

아무튼 지금만큼은 아니지만 이 시대의 자본가들도 경쟁자들에 맞서서 자신의 상품을 판매하기 위해서는 특별한 방법을 동원해야 할 압력에 직면했다. 산업혁명으로 인쇄물의 대량생산이 가능해짐에 따라 신문은 대중화되었고, 이는 곧 광고 산업의 발전으로 이어졌다. 기업가들은 대중 신문의 지면을 사서 광고를 게재함으로써 많은 잠재적 소비자들을 확보할 수 있다는 사실을 깨닫고 신문 지면을 사서 광고를 싣기 시작했다. 대중 신문들이 경제적 기반을 확보할 수 있었던 것은 바로 이러한 광고주들 덕분이었다. 다른 한편으로 산업혁명은 소비 방식에도 커다란 변화를 가져왔다. 이제 더 이상 자급자족하는 농민들은 존재하지 않았다. 부자든 노동자든 그들이 필요로 하는 대부분의 상품들은 시장에서 구하지 않으면 안 되는 상황에 닥쳤다. 이 시대의 광고는 소비자들에게 그들이 원하는 상품이 어디에 있는지를 알려 주는 유용한 수단이었다.

광고가 처음 대중 신문에 등장했을 당시만 해도 광고에 대한 대중의 인식은 그다지 긍정적이지 않았다. 무엇보다도 과장된 광고 내용에 대한 불신과 그에 따라 광고를 필요악이라고 생각하는 인식이 광범위하게 퍼져 있었기 때문이다. 이러한 인식이 확산된 가장 중요한 계기는 이 시기에 특히 유행한 '특허 약품' 들이었다. 요즘 우리도 광고라고 하면 쉽게 떠돌이 약장수들을 연상하는데, 광고와 만병통치약은 예나 지금이나 뗄 수 없는 사이인가 보다.

이와는 반내로 광고가 예기치 않은 사회적 관념의 변화에 기여한 예도 있다. 가령 담배는 당연히 남성들의 전유물로 여겨졌으나, 여성을 등장시킨 담배 광고를 함으로써 여성 흡연에 대한 사회적 인식을 바꿔놓았다. 제2차 세계대전 때에는 군수산업에 여성들의 참여를 촉구하는 광고도 많이 만들어졌는데, 육체적으로 건강하고 굳은 의지력을 갖춘 여성들의 모습은 전통적이고 보수적인 여성상을 변화시키는 데 중요한 역할을 했다.

"차가 아닙니다, 사랑의 묘약입니다." 라는 무스탕 자동차 광고는 도대체 무슨 의미일까? 자동차가 혼외정사에 매우 편리하다는 이야기다. 1920년대 포드자동차의 대량 생산 시스템은 이른바 '마이카my car' 시대를 연 획기적인 사건이었다. 자동차가 대중화되면서 혼외정사를 하려는 기혼 남녀나 부모 몰래 섹스를 하려는 10대들이 자동차를 몰고 교외로 나갔다. 나중에는 멀리 갈 것도 없이 자동차 자체가 정사를 위한 훌륭한 장소가 되었다. 그러한 풍조를 부추긴 것은 다름아닌 광고였다.

우리나라 최초의 근대적 광고는 1886년 2월 22일에 발행된 〈한성주보漢城週報〉 제 4호에 실린 '덕상세창양행고백德商世昌洋行告白'이라는 제목의 광고이다. 광고주인 세창양행은 당시 한국에서 무역을 하던 독일 회사로서, 원래 이름은 'Edward Meyer & Co'였다. 광고가 아니라 고백이라는 표현을 사용한 것을 보면 당시에는 아직 광고라는 말이 그다지 널리 사용되지 않았음을 짐작할 수 있다. 그림이 들어간 최초의 광고는 1908년 11월 30일자 대한매일신보에 실린 담배 광고라고 알려져 있다.

일러스트레이션이 광고에 처음 등장한 것은 1909년 7월 2일자 대한매일신보에 게재된 옥호서림 광고이다. 1910년 2월 16일자 대한매일신보에 실린 한양상회 광고에는 구미에서 유행하고 있던 통신판매 방식에 대해 광고하고 있다. 오늘날로 치면 인터넷 홈쇼핑

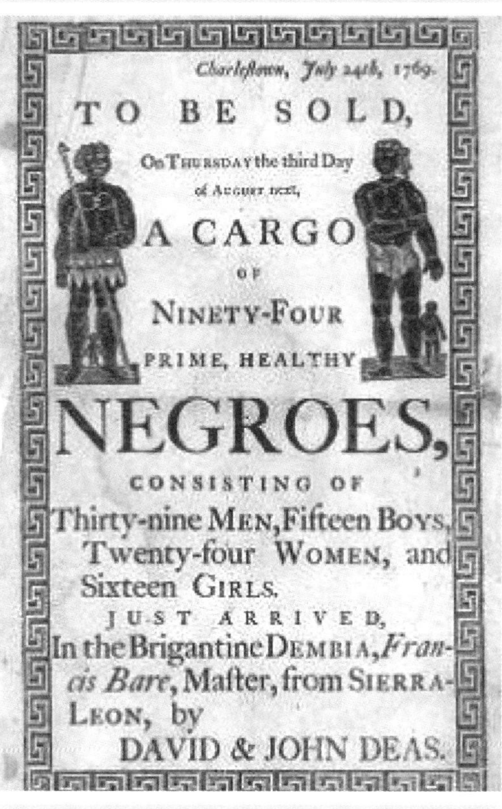

서양에서 활판 인쇄술이 처음 등장한 것은 1450년 경 구텐베르크에 의해서이다. 그가 처음 출판한 책이 《성경》이었다는 사실은 모르는 이가 없을 정도로 유명하다. 하지만 한편으로 미국의 노예주들은 그 인쇄기로 노예를 판다는 광고 전단을 인쇄했다. 인쇄기에 무슨 죄가 있겠는가? 인간의 탐욕에 죄가 있을 뿐이지.

의 출범이라고나 할까? 우리나라 최초의 근대적 광고가 외국 무역
상사에 의해 게재됐다는 사실은 외세의 침략에 의해 강요된 근대화
의 길을 걸었던 우리 역사를 생각하게 한다. 특히 1910년의 한일합
방부터 해방이 있은 1945년까지 우리나라에 게재된 신문 광고 가운
데 가장 큰 비중을 차지한 것은 한국 내에 거주하는 일본인을 대상
으로 일본 기업들이 게재한 광고였다. 일본 상품 광고의 비중은
1923년의 36퍼센트에서 1940년에는 65퍼센트로 증가했다.

1945년 해방이 되자 일본 상품의 광고도 자취를 감추었다. 그러
나 해방 후 복간된 국내 신문들의 광고에는 디자인이나 문안 등에
서 일제시대의 그것을 모습만 바꾼 채 나온 것이 많았다. 지금의 LG
그룹인 럭키구락부 광고의 '소화통昭和通' '치마분齒磨粉'이나 술 광
고의 '준힐(樽詰, 통에 담긴 술)' '병힐(瓶詰, 병에 담긴 술)' 등의 표현이
그 예이다. '치마분'은 이를 닦는 가루, 즉 치약의 광고이다. 우리나
라의 광고가 진정한 의미에서 발전하는 것은 대략 1960년을 전후한
때의 일이다. 이때부터 디자인이나 문구에서 일본의 그늘을 벗어나
새로운 형식들이 나타나기 시작한다.

1959년에 나온 금성 라디오 광고는 당시로서는 매우 참신한 형
식이었다. 금성사는 지금의 LG전자의 전신이다. 우리나라 최초의
광고 음악, 즉 CM 송도 이 무렵에 나왔는데, 1959년에 나온 진로소
주가 바로 그것이다. "진로 한 잔 하면 어~ 기분이 좋아요." 하는
그 가사를 지금도 기억하는 이들이 적지 않을 것이다. 이 노래는 당

시 군대의 유격 훈련장에서도 가사만 다르게 해서 자주 불렀는데, 어느 쪽이 어느 쪽을 패러디한 것인지는 모르겠다. 1960년대에 우리나라 광고 산업에서 가장 큰 비중을 차지했던 것은 의약품, 70년대에는 화장품, 그리고 80년대에는 가전제품이 아니었는가 싶다. 90년대에는 아마 자동차일 것이다. 그렇다면 21세기인 지금은? 나는 소주라고 생각한다.

광고가 없는 현대인의 생활이란 이제 상상하기도 어렵다. 그렇다면 광고의 기능은 도대체 무엇일까? 광고의 가장 기본적인 기능은 상품에 대한 정보를 소비자들에게 전하는 일이다. 우리는 의식적으로든 무의식적으로든 상품에 대한 정보의 대부분을 광고에서 얻고 있다. 필요 때문에 일부러 광고를 찾아 뒤지는 경우도 있고, 설령 광고를 보고 들을 때는 나에게 필요 없는 상품일지라도 나중에 그런 상품이 필요해지면 그 광고의 기억을 떠올리게 되는 것이다. 따라서 정보의 전달은 광고의 순기능이다. 그러나 광고가 전하는 정보가 반드시 언제나 올바르고 정확하다고는 할 수 없다. 고의적인 허위 광고는 아예 말할 것도 없거니와, 판매자의 이해를 반영해야 하므로 다분히 과장되거나 상품의 장점만을 강조하는 것이 보통이다.

더 나아가서 광고는 그 상품에 대한 욕구를 만들어내기도 한다. 우리는 당연히 어떤 상품에 대한 욕구가 그 상품을 소비하게 만든다고 생각한다. 가령 목이 마르다는 욕구가 먼저 있은 다음에 청량음료를 소비하게 된다는 것이다. 그러나 반드시 그렇지만은 않다.

때로는 청량음료의 광고가 소비자들로 하여금 갈증을 느끼게 만든다. 목 넘김이 부드러운 맥주 광고는 괜히 냉장고 문을 열었다 닫았다 하게 만든다. 아우토반을 질주하는 자동차를 보면 남성들의 엉덩이는 저절로 들썩거리게 된다. 솔직히 김태희가 광고하는 화장품을 바른다고 김태희만큼 예뻐지지 않는다는 사실을 모르는 소비자가 어디 있는가? 그런데도 막상 광고 속의 김태희를 보며 바르지 않고는 못 배길 마음이 드는 것은 광고가 우리의 욕구를 지배하고 있기 때문이다.

미국의 경제학자 갤브레이스John Kenneth Galbraith는 《풍요로운 사회The Affluent Society》라는 책에서 이러한 현상을 '의존 효과dependence effect'라는 말로 설명했다. 우리의 욕구가 필요에 의해서가 아니라 광고에 종속되어 있다는 뜻이다. 같은 책에는 '광고 효과advertizing effect'라는 말도 나온다. 민간 기업에서 생산되는 상품에 대한 광고는 높은 수요를 창출하지만, 국민 생활의 질에 크게 기여하는 공공재에 대한 광고는 이루어지지 않기 때문에 공적 욕구를 자극시키지 못한다는 뜻이다.

이렇게 보면 현대 사회에서 광고는 결국 수요를 초과하는 생산력에서 비롯된 문제이다. 필요를 위한 소비로는 매일같이 쏟아져 나오는 상품들을 모두 소비할 수 없다. 따라서 기업들은 광고를 통해 인위적으로 욕구를 만들어내야만 하는 것이다. 가령 요즘 10대 가운데 휴대 전화기가 더 이상 쓸 수 없는 상태여서 교체하는 경우는 거의 없다. 휴대 전화기를 교체하는 가장 큰 이유는 유행에 뒤떨어져서이다. 더 정확하게 말하면 텔레비전에서 새로운 휴대 전화기를 광고하기 때문이다. 어제는 블랙이 아니면 안 될 것 같았는데, 오늘은 핑크가 아니면 안 될 것 같은 욕구는 모두 광고가 만들어 내는 환상인 것이다. 한편으로는 이 모든 상술을 알면서도 광고의 주술로부터 벗어나지 못하는 것이 바로 우리들 현대인이다.

광고 가운데 가장 예쁜 모델들이 나오는 광고는 여성 화장품 광고가 아니라 소주 광고이다. 예쁜 처녀들이 권하는데 어떻게 오늘도 소주를 안 마실 수 있겠는가? 그렇다면 소주병이 푸른색인 이유는 무엇일까? 가장 자연을 닮은 술이기 때문이다.

요즘은 기업 이미지 광고도 많아졌지만, 뭐니 뭐니 해도 광고의 대상이 되는 상품들은 소비재가 대부분이다. 공장에서 사용할 밀링 머신을 팔려면 굳이 텔레비전에 광고하기보다는 그 기업의 구매 담당자나 현장 책임자를 만나는 것이 훨씬 더 효율적일 것이다. 광고는 소비재일수록, 최초 공급자에서 최종 소비자까지의 유통 경로가 길수록, 그리고 경쟁 상품이 많을수록 효과가 크다.

한 가지 예로 '참이슬'과 '처음처럼'은 같은 상품일까, 다른 상품일까? 답을 먼저 말하면 두 소주의 맛을 구분하는 소비자에게는 다른 상품이고, 그렇지 못하는 소비자에게는 같은 상품이다. 이 소비자들이 상품을 선택하는 기준은 당연히 가격이다. 어차피 동일한 상품들이라면 10원이라도 더 싼 상품을 선택하게 되는 것이다. 경제학

교과서에서 말하는, 가장 좁은 의미에서의 '경쟁'이란 바로 이런 경우를 가리킨다.

　가끔 보면 소주 맛이 다르다는 소비자들도 있다. 물론 21.5도짜리 소주와 16.5도짜리 소주 맛이 다른 것은 당연하다. 그런데 똑같은 21.5도짜리 소주 맛이 구분된다는 것이다. 이런 사람들은 100원쯤 비싸더라도 자기 입맛에 맞는 소주를 일부러 찾아 마신다. 소비자들이 소주 맛을 구분한다고 생각하는 이유는 당연히 소주 맛이 서로 다르다고 생각하기 때문이고, 소비자들이 상품마다 소주 맛이 다르다고 생각하는 이유도 바로 광고 때문이다.

　광고의 목적 가운데 가장 중요한 것은 바로 '제품 차별화product differentiation'이다. 기업의 입장에서 보면 소비자들이 내 상품을 경쟁자들의 상품과 구분할수록 당연히 내 상품만을 구입할 것이고, 이런 소비자가 많으면 많을수록 내 상품이 더 많이 팔릴 것은 당연하다. 여기서 핵심은 내 상품이 경쟁자들의 상품과 정말 다른가가 아니다. 실제로 차별성이 있다 하더라도 소비자들이 그것을 구분하지 못하면 아무 소용이 없는 반면, 실제로는 아무 차이가 없더라도 소비자들이 다르다고 생각하면 그 상품을 선택하게 된다. 예전에 펩시콜라가 가끔 하던 광고 방법이지만, 만약 각각의 소주에 대해 블라인드 테스트를 해 보면 정말 소주 맛을 구분하는 소비자는 거의 없을 것이다. 소주가 왜 소주인가? 아무 맛도 없기 때문에 소주 아닌가? 그런데 아무 맛도 없는 소주 맛을 어떻게 구분한다는 말인가? 광고의 기능은 바로 여기에 있다. 실제로 다른지 아닌지는 며느리도 모른다. 그러나 소비자들이 그렇게 믿어 주기만 하면 좋은 것이다.

그런데 30년 전에만 해도 소주 맛은 제품마다 실제로 달랐다. 그때는 우리 기업들의 양조 기술이 지금보다 낮았던 데다가 회사마다 차이가 있었기 때문이다. 당시 소비자들에게 가장 인기 있는 제품은 역시 '진로'였다. 하지만 그때는 내가 원하는 소주를 내 마음대로 선택할 수 없었다. 정부가 주정 공급을 제한했기 때문에 서울 사람이 아니면 진로 소주 한 병 먹기가 하늘의 별 따기였던 것이다. 정부 규제는 소비자들의 후생을 감소시킨다는 평범한 진리의 증거이다. 시장이나 자유 경쟁에 대해 비판적인 분들도 적지 않지만, 시장을 대신할 수 있는 대안은 과연 어디에 있을까?

흔들리는 여심을 사로잡아라

축구 선수 데이비드 베컴이 인터뷰 도중에 여성 리포터에게 '거시기'를 붙잡혀 화제가 되었다. 이 여성 리포트는 베컴의 사이즈가 정말 속옷 광고에 나온 것 만한지 궁금했다고 한다. 불경기일수록 야한 속옷이 많이 팔린다는 이야기는 여성들의 경우이다. 그런데 반대로 불황일수록 남성 속옷 판매가 줄어든다는 이야기도 있다. 상대적으로 여성 속옷은 사치품의 성격도 띤 반면 남성 속옷은 생활필수품에 가깝다. 따라서 일반적으로 남성 속옷의 판매량은 유행을 타지 않고 안정적이지만, 경기가 어려워질수록 판매량은 점점 떨어진다. 이 말은 반대로 속옷 서랍을 열었을 때 새로운 팬티가 몇 장 눈에 띈다면 경기 침체에서 서서히 벗어나게 되는 신호라고 봐도 좋다는 것이다.

잠시 쉬어 가자. 경제와 관련된 이런저런 속설들을 보면 대부분 여성들과 관련된 것들이 많다. 그 이유는 아마 여성 관련 상품들이 그만큼 경기에 더 민감하기 때문일 것이다. 물론 남성과 관련된 것도 있다. 불황일수록 미니스커트가 잘 팔린다는 속설과 정반대로 불황에는 남성 정장이 안 팔린다는 속설이 그것이다. 미니스커트든 남성 정장이든 의류 업종에 관한 경제 속설이 많은 이유는 의류가 경기의 영향을 가장 많이 받는 산업 가운데 하나이기 때문이다.

그런데 어차피 불황에는 모든 상품이 덜 팔리는 것이 당연한데, 남성 정장이라고 무슨 특별한 의미가 있을까? 불황에 남성 정장이 잘 안 팔린다는 속설에는 다른 상품의 경우와는 다른 특별한 이유가 있다. 우선 여성들은 불황에도 자기표현을 포기하지 않는 반면에 남성들은 상대적으로 자기표현에 적극적이지 않다. 따라서 불황일수록, 또는 불황인데도 불구하고 미니스커트가 잘 팔리는 반면 남성 정장은 훨씬 경기를 민감하게 탄다는 것이 이 속설의 첫 번째 이유이다. 그런데 이보다 더 중요하고도 내밀한 이유가 있다. 미니스커트를 구입하는 사람은 누구일까? 대부분 그 옷을 입을 여성 본인이다. 그렇다면 남성 정장을 사는 사람은? 누구 지갑에서 돈이 나오느냐를 떠나 남성이 혼자 백화점에 가서 정장을 고르는 경우는 거의 없다. 기혼 남성이라면 당연히 아내가 함께 갈 것이고, 미혼 남성이라면 애인이나 어머니와 함께 가서 정장을 고르게 된다. 그런데 미혼 남성의 경우에는 정장을 자주 입을 일이 많지 않으니 정작 정장을 고르는 사람은 아내라고 봐도 좋겠다. 이런 경우 옷을 살 것인지 말 것인지를 정하는 것도 여성이며, 많은 옷들 가운데서 어느 옷을 선택할지 결정하는 것도 남성이 아니라 여성이 되는 것이다.

이것이 불황과 무슨 상관일까? 불황일수록 주부들은 지출을 줄이기 위해 고심하는데, 아무리 불황이더라도 자녀에게 들어가는 교육비 등은 거의 줄지 않는다. 결국 불황일수록 남편을 위한 지출을 줄이게 되는 것이다. 그 가운데서도 당장 급하지 않은 것이 바로 의복에 지출하는 비용이다. 조금 유행에 뒤떨어져도, 소매의 솔기가 조금 낡았어도 당장 입는 데에는 큰 지장이 없으니 말이다. 경기가 좋아지면 남성 팬티의 판매가 늘어나는 것과 같은 이치다.

그렇다면 남성들이 정장을 많이 구입하는 경우는 언제일까? 예상치 않았던 목돈이 들어왔을 때이다.

불황일수록 남성 정장이 안 팔린다는 속설은 우리 가정에서 아버지들의 자리가 점점 좁아지는 현실과도 무관하지 않은 셈이다. 요즘은 자식과 아내를 외국에 유학 보내고 홀로 생활하는 기러기 아빠들이 많이 늘었다고 한다. 심지어는 그 때문에 가정이 정말 깨지는 경우도 적지 않다고 한다. 오직 자식을 위해서 모든 것을 희생하려는 것이 부모의 마음이겠지만, 과연 진정한 가족의 행복이 거기에 있는 것일까?

15

그녀의 입술 색으로
경제를 읽는다

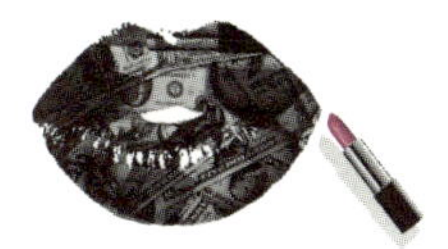

립스틱 이야기를 다시 꺼내보자. 한 가지 궁금한 일이 있는데, 립스틱 효과를 이야기할 때마다 왜 그냥 립스틱이 아니라 하필이면 '붉은 립스틱'이 잘 팔린다는 것일까? 미국의 한 색채 관련 연구 기관은 2009년의 상징 색으로 미모사 꽃잎의 색처럼 약간 붉은색을 띤 밝은 노란색reddish yellow을 꼽았다. 연구소의 발표에 따르면 "경기 불황기에 따뜻함과 햇볕, 활력을 상징하는 노란색이 희망과 안정, 그리고 긍정적인 생각을 갖도록 하는 데 도움이 될 것"이라고 한다.

색채 심리학자들도 노란색은 사교적이거나 의존적인 느낌을 자아내 주변 사람들이 그를 위해 기꺼이 지갑을 열게 하는 데 도움을 준다고 주장한 적이 있다. 이러한 효과 덕에 노란 옷을 입은 영업 사원은 평소보다 너 많은 실적을 올릴 수 있다고 한다. 맞는지 아닌지는 모르겠으나 그럴듯한 주장임에는 틀림없다. 요컨대 마케팅과 컬러는 매우 밀접한 관계를 가진다는 것이다.

미국 신문 〈USA 투데이〉는 최근 불황을 맞아 전 세계에서 '컬러 마케팅'이 각광받고 있다고 보도했다. 경기가 어려울 때 기업들은 소비자들의 눈길을 끄는 방법으로 저렴한 가격을 첫 번째로, 제품 색의 차별화를 두 번째로 꼽는다는 것이다. 그 예로 현재 미국에서

델Dell 컴퓨터 회사는 100여 가지 색깔의 제품으로 '레인보우 마케팅rainbow marketing'을 앞세우고 있으며, 애플의 컬러 아이팟과 모토로라 컬러 휴대전화 역시 빨강, 핑크, 파랑 등 유색 제품이 인기를 끌고 있다고 한다. 어려운 현실에서 변화를 찾고 싶어 하는 욕구가 기분을 좋게 하는 알록달록한 제품들의 선호로 이어진다는 것이다. 사실 컬러 마케팅은 새삼스러운 이야기가 아니다. 업계에서는 오래 전부터 제품 특성에 따라 고객들이 선호하는 색이 있다고 알려져 왔다. 궁금한 것은 색깔이 경기와도 관련이 있을까 하는 것이다.

그렇다면 정말로 불경기일수록 빨간 립스틱이 더 잘 팔릴까? 경기 침체기에 반드시 뜬다는 빨간 립스틱의 인기는 올해도 유효할까? 국내 화장품 업계 1위인 아모레퍼시픽(태평양화학)의 경우 2008년 립스틱 전체 매출은 지난해 대비 14퍼센트 성장했고, 유독 빨간색 립스틱의 매출이 77퍼센트나 늘어났다고 한다. 국내 브랜드뿐 아니라 수입 브랜드 '로라 메르시에laura mercier'의 경우도 기존 립스틱 판매량 1, 2위를 차지했던 누드톤 립스틱 대신에 레드와 와인색 립스틱이 그 자리를 차지했다. 업계 전문가들에 따르면 이런 경향은 10년 전 외환위기 때도 나타났다고 한다. 불황일수록 정장족이든 캐주얼족이든 상관없이 빨간 립스틱은 가장 저렴하게 가장 큰 심리적 효과를 누릴 수 있는 아이템이라는 것이다.

경기와 색상의 관계에 가장 크게 영향을 받는 것은 역시 패션 관련 업종이다. 2008년 겨울에서 2009년 봄·여름에 걸쳐 패션 업계

여성들은 왜 립스틱을 바를까? 다른 곳에서도 잠시 소개한 적 있지만, 미국 어느 대학의 연구에 의하면 사람들이 키스를 하는 것은 남자든 여자든 붉은 입술에 더 끌리기 때문이라고 한다. 그렇다면 사람들은 왜 붉은 입술에 끌리는가? 연구팀은 그 이유를 수렵과 채집으로 생활을 영위하던 인류의 조상들이 잘 익은 과일을 찾는 과정에서 붉은색이 곧 음식이라는 잠재의식을 갖게 되었기 때문이라고 설명한다. 립스틱을 여성 해방의 상징으로 생각했던 여성 운동가들이 들으면 화를 낼지도 모르겠지만, 오늘날에도 여성들이 화장을 하는 이유는 먼 과거 인류의 조상들이 가졌던 종족 보존의 본능이 아직도 남아 있기 때문이라는 이야기이다.

의 유행은 블랙이었다. 그런데 관계자들에 따르면 봄과 여름까지 검은색의 인기가 이어진다는 것은 이례적인 현상으로 이는 불경기와 무관하지 않다고 한다. 소비자들이 지갑을 닫는 불경기에는 계절에 맞는 옷을 각각 따로 구입하기보다 계절에 상관없이 어떤 옷과도 받쳐 입기 쉬운 아이템을 선호하기 때문에 검은색 또는 회색이 섞인 파스텔 색상이 인기를 끈다는 것이다. 이러한 경향은 넥타이, 스카프, 패션 시계, 보석 등 액세서리류에도 반영되고 있다.

전반적으로 남성복 시장이 침체한 가운데서도 화려한 디자인과 색상의 넥타이 매출은 15퍼센트 이상 증가했다고 한다. 대표적인 명품 브랜드인 페라가모 코리아의 남성용 넥타이와 여성용 스카프의 색상별 판매 비중을 조사한 결과를 보면 화려한 빨간색, 오렌지색 등 붉은색 계열과 화사한 분홍색이 각각 40퍼센트 내외의 좋은 반응을 얻고 있는 것으로 나타났다. 전문가에 따르면 불황 속에서도 소박하게 누리는 '작은 사치'를 상징하듯, 화사함을 강조한 보라색과 큐빅 넥타이가 큰 인기라는 것이다. 중저가 패션 시계, 보석 부문에서도 금색 장식이나 뱀 무늬 등 크고 눈에 띄는, 다시 말해서 비용 대비 자기표현 효과가 큰 과감한 색상의 아이템이 잘 팔리고 있다고 한다.

물론 반대되는 방향의 컬러 마케팅도 있다. 가령 자동차는 상당히 고가이며 오랜 기간 이용하는 제품이다. 따라서 고객들은 자동차를 고를 때 마치 주택을 고르는 것처럼 색상 선택에 보수적인 잣대를 들이댄다고 한다. 가령 국내 자동차 업계 중 선두주자인 현대자동차에 따르면 '에쿠스' 등 최고급 차량을 제외한 거의 모든 차종에서 '순은색' '그레이티타늄' '슬릭실버' 등의 이름을 단 은색 계열의 차량이 가장 잘 팔린다고 한다. 수입 자동차의 경우도 비슷한 양상이 나타나는데, 프랑스 자동차회사인 푸조Peugeot SA의 경우 전체 판매 차량의 50퍼센트가 은색이라고 한다.

비단 대형 자동차만이 아니다. 우리나라의 대표적인 소형 자동차 가운데 하나인 '마티즈'를 보면, 과거에는 맑은 하늘색과 선홍색 등 화려한 색상을 선호하는 소비자들이 주류였지만 최근 들어 경제가 어려워지자 역시 은색 자동차가 가장 많이 팔린다고 한다. 이처럼 자동차의 경우 은색이 대표적인 '불황 컬러'로 꼽히는데, 은색은 스크래치가 나거나 때가 타도 크게 티가 나지 않아 관리가 쉽고 관리 비용 역시 적게 들기 때문이라고 한다. 경기가 어려울수록 세차비 한 푼이라도 아끼겠다는 서민들의 심리가 반영된 결과인 것이다.

자동차의 구매 경향은 보석과 유사하다. 둘 다 비싸고, 웬만해서는 여러 대를 가지기 힘들고, 한 번 구매하면 오래 소장한다는 공통점이 있다. 또 부유층과 중산층의 소비 경향이 경기에 따라 구분된다는 점 역시 공통점이다. 보석의 경우 중상층 이하의 소비자는 경기에 따라 소비 경향이 달라져서, 불황에는 비교적 값싼 액세서리를 선호한다. 그러나 부유층에서는 경기와 상관없이 불황에도 루비나 사파이어 같은 유색 보석들보다는 보석 가운데서도 가장 비싼 다이아몬드를 여전히 선호한다고 한다. 다이아몬드는 소비재일 뿐 아니라 투자 상품으로 생각해 꾸준한 인기를 얻고 있어 재테크 수단으로 이용되기 때문이다.

이처럼 자동차와 같은 고가의 내구성 소비재는 색상에서 유행을 타지 않는다는 것이 일반적인 속설이다. 그런데 여기서도 다른 대부분의 속설들이 그렇듯이 꼭 그렇지만은 않다는 반대의 속설도 함께 있다. 자동차도 립스틱과 마찬가지로 불황일수록 화려한 색상이 인기를 끈다는 것이다. 자동차 모델들마다 여러 가지 색상이 있지만 "○○자동차 하면 역시 이 색"이라 할 만한 대표 색상들이 있다. 가장 먼저 떠오르는 것이 '누비라'의 황금색이다.

일본의 스즈키자동차는 2008년 3월 유럽 시장에 내놓은 경차 '스플래시'의 대표 색상을 터키시 블루로 채택해 화제를 모았다. 터키시 블루는 자동차의 전통적인 히트 컬러가 아니기 때문이다. 그런데도 스플래시는 유럽 자동차 시장의 전반적인 침체에도 불구하고 동급 시장에서 25퍼센트의 가장 높은 점유율을 차지했다. 전문가들은 유럽 소비자들이 터키시 블루를 물이나 공기를 연상시키는 상쾌한 색으로 인식하여 심리적 개방감을 느낀 탓으로 설명했다. 이왕이면 잘 팔리기 전에 그렇게 설명해 주었더라면 더 좋았겠지만, 알고 보면 전문가도 미래를 예언하는 능력은 없나 보다. 다만 보통 사람들보다 결과를 더 잘 설명할 수 있을 뿐이지.

호황일 때는 흰색 자동차가 잘 팔린다는 속설도 있다. 반대로 이

다이아몬드는 영원하다. 누가 그걸 모르나? 하지만 내 주머니가 유한하다는
것! 이것이 경제의 근본 문제이다.

야기하면 불황일수록 흰색 자동차가 안 팔린다는 의미가 되겠다. 실제로 그럴까? 대우자동차에 따르면 출고한 차량들 가운데 흰색의 비율이 외환위기 직후인 1998년부터 꾸준히 증가하다가 최근 들어서는 다시 감소하는 경향을 보이고 있다고 한다. 그런데 알고 보면 이 비밀은 아주 간단하다. 경기가 호황일 때는 자동차 수요도 늘어나고 당연히 차량 출고가 밀리게 된다. 따라서 소비자들은 가능한 빨리 출고되는 흰색 차량을 선택하는 경우가 많아지는 것이다. 그러나 경기가 어려워지면 수요가 줄어들고 재고에 여유가 생기는 만큼 선호도가 떨어지는 흰색 차를 선택하는 비중도 줄어드는 것이다.

호경기일수록 흰색 자동차가 많이 팔린다는 속설은 결국 불황일수록 화려한 색상의 자동차가 많이 팔린다는 것과 같은 의미가 된다. 여기서도 불황일수록 빨간 립스틱이 잘 팔린다는 속설이 적용되는 셈인데, 과연 그럴까? 관련 업체 종사자들의 대답을 들어 보면 대체로 그렇다고 한다. 립스틱과 마찬가지로 불경기에는 소비자들이 심리적으로 대리 만족을 얻으려는 경향이 강하므로 무난한 흰색보다는 튀는 색깔을 선택하는 경우가 많다는 것이다. 불황기의 답답하고 우울한 심리를 화려한 색상으로 전환해 보고자 하는 '쇼핑 효과'가 여기서도 적용되는 것이다.

물론 중고 자동차 시장에서 유색 자동차가 흰색보다 몇만 원이라도 비싸게 팔린다는 점도 무시할 수는 없을 것이다. 그러나 다른 한

편에서는 최근 들어 자동차의 색상이 화려하고 다양해지는 이유 역
시 경기보다는 개성이 강조되고 화려함을 선호하는 취향에서 비롯
된 현상이라고 지적하기도 한다. 그렇다면 도대체 누가 옳다는 것
인지? 너도 옳고 나도 옳다는 이야기다.

16
꼬인 팔자 풀어드려요

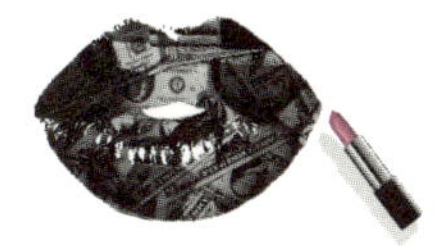

이 우스갯소리는 참 유명한 이야기다. 그런데 우스개가 아니라 내
가 어릴 적 시골집에는 《토정비결》한 권씩이 꼭 있었다. 원래 그런
것인지, 편리를 위해 후대 사람들이 그렇게 만든 것인지, 하여간
《토정비결》은 연초마다 한 권씩 나왔는데, 할아버지는 그것으로 한
해의 운수를 보시고는 했다. 요즘은 《토정비결》을 보는 사람이 그리
많지 않은 듯하지만, 그때는 우리 할아버지만이 아니라 집집마다
어른들은 모두 보던 것이 바로 《토정비결》이었다. 〈아리랑〉이니 〈명
랑〉이니 하는 대중잡지들에 빠지지 않는 내용도 '토정비결'이었다.
요즘은 '오늘의 운세'로 바뀌었지만 말이다.

한 가지 재미있는 사실은, 《토정비결》에는 일부러 틀린 괘를 중
간 중간 넣어 놓았다는 것이다. 괘가 너무 잘 맞으면 좋은 괘를 받은

사람은 그것만 믿고 일을 하지 않고, 나쁜 괘를 받은 사람은 또 실망하고 포기하여 일을 하지 않기 때문이라고 한다.

《토정비결》은 조선 선조宣祖 때의 학자 토정土亭 이지함李之菡이 썼다고 하는 도참서圖讖書이다. 그러나 실은 토정의 저술이 아니라 후대의 점술가들이 그의 이름을 도용했을 뿐이라는 설이 유력하다. 아무튼 조선 후기부터 수백 년이 넘도록 정월이면 으레 《토정비결》로 그해의 신수를 알아보는 일은 조선 민간의 세시 풍습이었다. 그런데 토정 이지함은 오늘날에는 그저 《토정비결》을 쓴 사람으로만 알려져 있다 보니 당시의 유명한 점술가이거나 기껏해야 기괴한 행색을 일삼는 기인奇人이었을 것으로 생각한다.

토정은 포천 현감과 아산 현감을 지낸 관리이자, 뒤에 실학파에도 큰 영향을 준 학자였다. 관리로 있는 동안 궁핍한 백성들의 생활을 돌보아 긍휼히 여겨 선정을 베풀었으며, 빈민 구제 대책을 국왕에게 상소하기도 했다. 토정은 고려 말의 대학자인 목은牧隱 이색李穡의 6대손으로, 화담花潭 서경덕徐敬德의 문하에서 공부했다. 스승을 닮아 역학·의학·수학·천문·지리 등 다방면에 해박했으며, 농업과 상업의 상호 보충 관계를 강조하고 광산 개발과 해외 통상을 주장하는 등 그 시대로 보면 매우 진보적이고 개방적인 사상을 펼쳤다. 그가 율곡栗谷 이이李珥나 잠곡潛谷 김육金堉 등과 함께 실학파의 선구자로 꼽히는 이유도 여기에 있다.

《토정비결》이 근거하고 있는 것은 《주역周易》이다. 《주역》은 '주周

나라의 역'이라는 뜻으로 그 이전에도 하夏나라의 《연산역連山易》, 상商나라의 《귀장역歸藏易》 등의 역서가 있었기는 하나 일반적으로 동양의 역서易書는 거의 모두 《주역》에 근거를 두고 나왔다고 할 수 있다. 《주역》은 세상 만물이 모두 음과 양으로 구성되어 있으면서 음양의 상태나 조건에 따라 변화한다는 것을 기본 원리로 하고 있다. 양을 상징하는 양효(—)와 음을 상징하는 음효(- -)를 여섯 번 조합하면 모두 64개의 괘를 만들 수 있는데, 하나의 괘에 본상本象이 하나, 변상變象이 여섯, 도합 일곱 상으로 모두 424개의 괘상이 있다. 특히 공자는 《주역》을 좋아해, 너무 자주 읽은 탓에 책을 묶은 가죽 끈이 세 번이나 끊어졌다고 한다. 여기서 나온 말이 '위편삼절韋編三絶'이다.

아직 사주든 궁합이든 점占이라는 것을 본 적이 없다 보니 그저 그런가 하는데, 주변 사람들에게 들어 보면 요즘 점술 산업이 제법 성행이란다. 특히 예전에는 점이라고 하면 어머니들이나 보는 것으로 여겼지만, 요즘은 젊은 고객들이 꽤 늘어났다고 한다. 연인들끼리 점집을 찾는 경우도 많고, 점과는 가장 거리가 멀 것 같은 대학가에도 사주 카페부터 타로 카드까지 점집들이 적지 않다고 한다. 이렇게 점 산업이 성황인 이유는 무엇일까? 고객들의 대부분은 그리 부담되지 않는 복채에 재미삼아 보는 경우가 보통일 것이다. 그러나 가끔 신문의 사회면 한구석에서 사이비 무속인에게 속아 재산을 날렸다는 기사가 나오는 것을 보면, 뜻밖에 점이니 복卜이니 하는 것들을 진지하게 믿는 이들도 많은가 보다. 믿는 것이 아니면 믿고 싶거나.

꼭 불경기가 아니더라도 어려운 일이 있을수록 사람들은 정신적으로 위안을 받고 싶을 때가 많은 법이다. 스트레스로 넘치는 현대인들은 더욱 그럴 수밖에 없다. 그래서 바쁜 분들은 가까운 교회에 나가고 한가한 분들은 좀 더 먼 절에 다니는 것 아닌가? 땡초인 줄 알면서도 꼭 그 중만 찾아다니는 어느 아주머니께 이유를 물었더니 "이야기가 재미있어서"란다. 사는 게 얼마나 재미가 없었으면 그럴까?

재미있는 일은 점 사업이 잘되다 보니 해외파나 유학파 무속인도 적지 않다고 한다. 이들의 특징은 무슨 협회장이니 학회장이니 하는 거창한 직함을 좋아하고, 외국어에 능통하다는 점을 강조하며 정치인들과의 친분을 과시하는 것이라고 한다. 거창한 직함이나 정치가들과의 친분을 과시하는 것은 비단 무속인들만 그런 것이 아니라 우리 사회의 모든 분야에서 그러니 그냥 넘어가기로 하자. 하지만 아무리 글로벌 시대라고 요즘은 최영 장군님도 영어로 내리시는가?

그렇다면 이 점술가들의 예언은 과연 얼마나 맞을까? 대학가의 사주 카페는 복채가 1만 원 남짓이라니 그저 재미라고 해도 좋다. 그러나 점 사업이 확산되면서 우려할 만한 심각한 현상은 주식과 도박 열풍을 반영이라도 하듯이 경마의 우승마를 알려 달라거나 어

《주역》뿐 아니라 동양에서 점을 칠 때 흔히 사용하는 팔괘八卦는 《하도河圖》와 《낙서洛書》에서 연원한다. 《하도》는 전설상의 인물인 복희씨伏羲氏가 황허에서 얻은 그림으로, 이것을 기지고 팔괘를 만들었다고 한다. 복희씨는 삼황오제 가운데 가장 먼저 나타난 인물로 뱀의 몸에 사람의 머리를 했다고 한다. 팔괘를 만든 이외에도 그물을 발명했고 사람들에게 어획과 수렵을 가르쳤다. 《낙서》는 하夏나라의 우禹임금이 낙수洛水에서 얻은 글로, 여기서 천하를 다스리는 도리를 담은 '홍범구주洪範九疇'를 만들었다고 한다.

느 주식에 투자할 것인지를 알려 달라는 고객들이 많다는 것이다.

문제는 그런 고객들에게 영적 능력이 있느니 신내림을 받았느니 하면서 정말 그런 예언을 함부로 늘어놓는 사이비 무속인들이다. 함부로 천기를 누설하면 벼락 맞는 법인데, 두렵다면 마땅히 그런 짓은 말아야 할 것이고, 두렵지 않다면 당연히 천기가 아니라는 이 야기다. 한 마디로 이래저래 믿을 게 못 된다는 이야기다. 무속인 자 신이 정말로 우승마를 안다면 그걸 당신한테 가르쳐 주겠는가? 자 신이 먼저 베팅하러 가지 않겠는가?

요즘 젊은 고객들에게 가장 인기 있는 점은 사주나 손금 같은 동 양의 전통 점복술이 아니라 서양에서 들어온 타로tarot카드 점이라 고 한다. 타로는 메이저 카드 22장과 마이너 카드 56장으로 구성된 78장의 카드로 보는 점술이다. 타로가 젊은 층에 특히 인기 있는 이 유에 대해서는 타로에는 부정적인 예언이 있으며, 설령 부정적인 패가 나오더라도 긍정적인 의미로 해석할 수 있기 때문이라고 한 다. 이 때문에 타로 전문가들은 타로 카드가 미래를 예언한다기보 다 오히려 심리학적 도구로 쓰인다고 말한다. 각각의 카드를 한정 된 의미로만 해석하는 것이 아니라 카드들의 관련성을 스스로 고민 해야 주어진 해석 이상의 것을 볼 수 있다는 것이다. 그런데 요즘은 고객을 넘어 스스로 타로 점을 배우려는 수강생들도 많다고 한다. 타로는 카드의 의미와 배열 방법만 배우면 혼자서도 할 수 있기 때 문이다.

《주역》 이전에도 이미 고대 중국에서는 갑골문으로 길흉화복을 점쳤다고 한다. 룰몬 점술이나 제례祭禮, 도박은 다르지만, 멀리 거슬러 올라가면 도박의 근원도 점에 있지 않을까? 서양의 카드도 원래 점을 치는 도구가 놀이용으로 변형된 것이다. 이렇게 보면 도박은 원래 불확실한 것에 확실한 것을 거는 행위가 아니라 불확실한 것을 조금이라도 더 확실한 것으로 만들고자 한 행위였던 것이다.

카드의 기원에 대해서는 인도설, 중국설, 이집트설 등 몇 가지 설이 있으나 유럽에 전해진 것은 11~13세기 사이라는 것이 일반적인 견해이다. 유럽에 전래된 경로에 대해서는 집시가 가지고 왔다는 설, 십자군 원정에 나섰던 기사들이 가지고 돌아왔다는 설 등이 있다. 유럽에서 가장 오래된 형태의 카드는 독일의 타록Tarok, 프랑스의 타로tarot, 이탈리아의 타로키tarocchi이다. 이것들은 아투atout라고 불리는 22장의 으뜸 패와 56장의 보조 패를 합해 78장으로 한 벌이 되어 있다. 22장의 으뜸 패는 1부터 21까지의 번호가 붙어 있는 그림이 그려진 패와 광대를 그린 딸린 패 한 장으로 이루어져 있다. 카드에 그려진 그림은 시대에 따라 조금씩 차이가 나지만 인간의 갖가지 욕망과 활동을 상징한다. 딸린 패에는 괴상한 복장을 입은 광대가 악덕이 가득 찬 자루를 짊어지고 걸어가는 모습이 그려져 있는데, 이것이 오늘날의 조커Jocker가 되었다.

다른 56장의 카드는 검·곤봉·성배·화폐의 네 가지 조합으로 나뉘어 있으며, 각 조합은 1부터 10까지의 숫자 패와 왕·여왕·기사·병사의 그림 패로 되어 있다. 오늘날의 카드는 원래 카드의 네 가지 조합이 스페이드·하트·다이아몬드·클로버로 바뀌고, 병사가 없어져 52장으로 줄어든 것이다.

카드의 기원이 어느 쪽이든 간에 처음에는 점술의 도구로 사용된 것으로 생각된다. 중세 사회에서 카드 점으로 먹고 산 사람들은 대개 집시들이었다. 집시의 기원에 대해서도 몇 가지 설이 있지만 인도와 히말라야 지역에서 페르시아와 발칸 지역을 거쳐 서유럽으로 이동해 왔으리라는 의견이 많다. 집시라는 말은 이집트에서 온 것인데, 실제로 이들은 이집트와는 아무런 관련이 없다. 프랑스에서는 보헤미안, 북유럽과 독일에서는 타타르인 또는 사라센인, 독일에서는 치고이너, 헝가리에서는 치가니, 이탈리아와 에스파냐에서는 히따노라고 부른다. 집시는 뚜렷한 주거지나 직업이 없어서 여기저기 유랑하면서 다양한 직업에 종사했다. 점도 그 가운데 하나였다.

동서양을 막론하고 점은 마법이나 마술과 동일시되는 경우가 많았다. 어떤 신학자들은 '점술divination'이라는 말을 주술과 환영을 포함하여 다양한 종류의 초자연적 기술들을 가리키는 일반적인 용어로 사용하기도 했다. 이런 이유로 집시들은 때때로 마녀의 후손으로 취급받기도 했다. 그러나 중세 사람들이 집시를 두려워 한 진정한 이유는 그들이 공동체에 속하지 않는 사람들이었기 때문이다.

카드의 무늬들에는 그 나름의 의미가 있는데, 각각 중세의 네 계급을 가리킨다. 스페이드(♠)는 칼을 의미하는데 명예와 기사 계급을 상징한다. 다이아몬드(◆)는 쉽게 짐작되겠지만 부귀와 상인 계급을 상징하며, 클로버(♣)는 친목과 농민 계급을, 하트(♥)는 애정과 승려 계급을 상징한다. 애정을 상징하는 하트가 엉뚱하게도 승려 계급을 가리키게 된 이유는 원래 그것이 성배를 의미했기 때문이다. 카드에 나오는 인물들에 대해서도 유래가 있다. 우리나라 무속인들이 최영 장군, 임경업 장군은 물론이거니와 중국의 관운장까지 신으로 모시는 것과 같은 이치랄까? 한 가지 재미있는 일은 정작 중국에서 관우는 무인들의 신이 아니라 상인들의 신으로 모셔진다는 것이다.

더러는 다른 해석도 있지만 일반적으로 스페이드 킹은 이스라엘의 다윗왕, 다이아몬드의 킹은 로마의 카이사르, 클로버 킹은 알렉산드로스 대왕, 하트 킹은 프랑크 왕국의 카를 대제Karl Magnus — 프랑스어로는 샤를마뉴Charlemagne — 를 각각 가리키는 것으로 생각된다. 퀸은 각각 그리스의 아테네 여신, 성경의 라헬Biblical Rachel, 잔다르크, 트로이의 헬레네를 각각 의미한다. 클로버 퀸은 영국의 엘리자베스 여왕이라는 설도 있다. 마지막으로 잭은 데인족의 오기에Hogien Le Danois, 샤를마뉴의 전사 롤랑Charlemagne' s soldiers Roland, 아서왕 이야기에 나오는 랜슬럿Lancelot, 프랑스 왕 샤를 7세Chareles Ⅶ를 각각 의미한다.

카드를 '트럼프trump'라고도 부르는데, 원래는 카드의 으뜸 패를 뜻하는 말이다. 달력의 첫째 날을 의미하던 캘린더calendar가 달력이라는 의미로 사용되는 것과 비슷한 경우이다. 그런데 카드에서 가장 궁금한 것은 '어째서 어릿광대가 왕보다 높은가?' 하는 것이다. 영화 〈왕의 남자〉에서도 나오듯이 유럽의 왕실에서도 국왕들은 전용의 어릿광대를 두고 심심할 때면 광대들의 재롱을 즐겼는데, 그래서 조커가 카드에 들어갔다는 설이 유력하다.

조커에게 주어진 권능이 왕의 총애를 상징하는 것이라면 여전히 어째서 조커가 왕보다 높은가를 이해하기 어렵다. 이것은 순전히 내 생각이지만 때로 어릿광대들은 왕의 폭정을 풍자하다가 목숨을 잃기도 했다. 조커에게 주어진 권능은 그러한 희생에 대한 존경의 의미가 아닐까 싶다. 굳이 조커가 아니어도 좋다. 어느 시대에나 진정한 예술가는 모두 어릿광대들이었다.

17
대박 정보는
소문나지 않는다

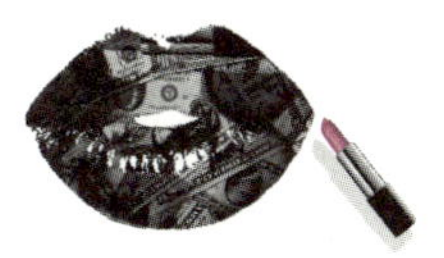

명색이 경제학 박사랍시고 나에게 주식 투자에 대해 묻는 분들이 가끔 있다. 한 마디로 "어떤 종목을 사야 오를까?"하는 식의 질문이다. 그러나 미안하다. 경제학은 주식이란 무엇인가를 공부하는 학문이지 정작 주식 투자에 대해서는 아무 것도 배우지 않는다. 더 미안한 일은, 경제학이 아니라 경영학이든 회계학이든 금융공학이든 어느 학문을 배운들 주식 투자에 성공할 수 있는 비결 따위는 없다는 것이다. 그걸 알면 누가 학교에서 강의나 하고 있을 것인가? 벌써 증권사 객장에 앉아 있지?

미국의 금융 위기가 전 세계로 확산되면서 우리나라도 그 충격을 단단히 받았다. 특히 문제의 발원지가 금융 부문이다 보니 피해도 역시 금융 부문에서 더 크게 나타났다. 한 마디로 펀드가 반쪽이 난 것이다. 많은 피해자들은 은행에 넣은 돈이 어떻게 원금도 안 나올 수 있느냐고 항변이다. 하지만 바로 그것이 주식이다.

내가 앞에서 말했잖은가? 주식을 사고파는 행위는 투자가 아니라 투기이며, 모든 투기는 위험과 불확실성을 먹고 산다고. 그러나 만약 금융사 직원이 그런 점을 제대로 설명하지 않았다면 이것은 '도덕적 해이moral hazard' 에 해당된다. 그렇다면 불황에는 어떤 재테크가 좋을까? 기다려 봐라. 천천히 알려 주마.

불황을 좋아하는 사람도 있을까? 그런 사람은 아무도 없다고 생각하기 쉽지만, 생각 외로 불황을 기다리는 사람들이 있다. 호황이든 불황이든 심지어는 전쟁이나 9·11 테러와 같은 사건이 일어날 때도 한편에 손실을 보고 불행을 겪는 사람들이 있으면, 다른 편에서는 그것으로 이익을 보는 사람들이 있게 마련이기 때문이다. 그러나 대부분의 사람들은 불황을 싫어한다.

그 이유는 무엇일까? 당연히 물건이 팔리지 않고, 기업은 문을 닫고, 실업자가 늘어나고, 소득은 줄어들기 때문이다. 그렇다면 불황의 좋은 점은 무엇일까? 물론 이것은 불황에는 골프장이 붐비지 않아서 좋다는 사람들의 이야기가 아니고 보통 사람들의 이야기다. 보통 사람들에게 불황이 좋을 이유가 어디에 있느냐고 따지기 전에 생각해 보자. 거꾸로 말하면 호황의 나쁜 점은 무엇인지 생각해 봐도 되겠다. 그렇다. '인플레이션inflation'이다.

인플레이션이란 한마디로 물가가 오르는 현상이다. 그런데 물가가 오르면 모든 상품들의 가격이 똑같이 오를까? 당연히 아니다. 어떤 상품들의 가격은 많이 오르고 어떤 상품들의 가격은 적게 오른다. 그런 차이는 어디서 비롯되는 것일까? 호경기일수록 사람들은 투기를 많이 한다. 이미 이야기한 것처럼 경제학에서 사용하는 투기라는 말에는 범죄나 사회악을 연상시키는 부정적인 의미는 없다. 다만 불확실성 하에서 금융 자산을 선택하는 모든 행위가 투기일

뿐이다. 아무튼 경기가 좋으면 왜 투기가 늘어날까? 경기가 좋으니까 당연한 일 아니냐고 반문하는 이도 적지 않을 것이다. 세상사는 이치가 그렇게 단순하기만 하다면 얼마나 좋을까? 그러나 세상사는 이치를 제대로 깨우치려면 언제나 "왜 그럴까?"를 생각해 보지 않으면 안 된다.

호경기일수록 사람들이 주식을 많이 사는 이유는 다른 상품들에 비해 주식 가격이 더 많이 오를 것으로 기대하기 때문이다. 주식뿐만이 아니다. 호경기가 되면 대부분의 금융 자산들은 물론이거니와 부동산이나 금, 달러, 심지어는 미술품이나 골동품에서 투기가 일어난다. 역시 이런 상품들의 가격이 다른 상품들보다 더 오를 것이라고 기대하기 때문이다. 내가 투기는 위험을 먹고 산다고 말했던가? 더 정확하게 말하면 투기는 위험에도 불구하고 이익을 줄 것이라는 기대를 먹고 산다. 특히 이런 경우를 '인플레이션 기대 심리'라고 부르는데, 어떤 상품들의 가격이 다른 상품들보다 더 많이 오를 것이라는 기대를 의미한다

이제 정말 이야기해 보자. 왜 그럴까? 호황에는 라면이나 소주와 같이 대표적인 불황 상품으로 꼽히는 상품들의 가격도 오른다. 그러나 이런 상품들은 가격이 오르면 당연히 기업이 공급량을 증가시키게 마련이다. 가끔 기업이 독점 이윤을 노리고 공급량을 제한하는 경우도 없지는 않다. 하지만 그렇게 해서 라면 가격이 다른 상품들보다 몇 배나 오른다면 이번에는 당연히 신규 진입자가 나

타날 것이다. 너도나도 라면을 생산하려 든다는 뜻이다. 그래서 라면이나 소주의 인플레이션 기대 심리는 다른 상품들보다 높지 않다.

그런 반면 부동산은 다르다. 호경기일수록 부동산 공급도 증가하기는 한다. 그러나 라면처럼 마음대로 되지 않는다는 것이다. 주식도 마찬가지 채권도 마찬가지다. 달러도 마찬가지고 금金도 역시 그렇다. 이런 상품들은 공급량을 임의로 증가시키는 데 한계가 있다. 당연히 수요가 느는데 공급은 제한되어 있으니 다른 상품들보다 더 많이 오를 수밖에 없다.

그러고도 남는 자금은 골동품 시장이나 미술품 시장으로 흘러간다. 일본의 거품 경제가 세계 미술품 시장의 작품 가격을 몇 배나 올려놓았다는 이야기는 바로 그런 뜻이다. 우리나라에서도 이중섭이나 박수근 화백 등의 그림 가격이 지금처럼 높아진 것은 바로 부동산 투기가 한창이었을 때의 일이다.

불황이 닥치면 사람들의 심리도 달라진다. 불황에는 인플레이션이 아니라 '디플레이션deflation'이 일어난다. 쉽게 말해 물가가 하락한다는 것이다. 이제는 가격 상승에 대한 기대가 높은 쪽으로 자금이 이동하는 것이 아니라 반대로 가격이 하락할 위험이 적은 쪽으로 자금이 몰리게 된다. 불황일수록 부동산 시장이 크게 하락하는 이유도 여기에 있다.

이럴 때 전문 투기꾼들은 남보다 한 발 먼저 자금을 회수하고 시

이중섭 화백의 〈물고기와 노는 세 아이〉. 이준섭 화백은 가족들과 헤어진 채 서울적십자병원에서 이름 없는 행려병자로 숨을 거두었다. 투기에다 위작 시비가 끊이지 않는 지금의 현실을 목격한다면 그분의 마음이 과연 흡족할까?

장에서 철수해 버린다.

수익에 대한 미련을 못 버린 채 설마 하는 기대로 개미 투자자들만 망하는 것이다. 그러다 개미 투자자들이 반토막 난 펀드를 팔아치우고 시장에서 철수할 때, 전문 투기꾼들은 다시 시장에 들어간다. 이른바 전문가라는 사람들의 조언대로 투자했다가 미국 발 금융 위기로 쪽박 난 개미들은 펀드가 회복되기를 기다리면서 불입을 중단했다.

그러나 수익률이 회복되기를 기대한다면 실은 바로 그때 더 투자를 했어야 옳다. 주가가 회복되기를 기다렸다가 주가가 떨어졌을 때 투자해야 수익이 있고, 반대로 주식이 오르기를 기다렸다가 투자한다면 그때부터는 주가가 떨어질 것이 당연하기 때문이다. 왜냐하면 드디어 주가가 바닥을 쳤으니 이제부터는 오를 시점이기 때문이다. 그걸 어떻게 아느냐고? 당신이 투자하면 그때가 꼭지고, 당신이 철수하면 그때가 바닥이다.

그게 왜 하필이면 나인가 하고 반문하는 개미들을 위해 들려줄 만한 유명한 이야기가 있다. 1929년의 대공황은 미국의 역사에서나 세계 경제의 역사에서나 가장 큰 사건으로 꼽힌다. 공황은 월스트리트의 주가 폭락에서 시작되었는데, 그 와중에서도 백만장자 카네기만은 주가가 폭락하기 며칠 전에 가지고 있던 주식을 모두 팔아 버림으로써 손실을 피했다고 한다. 카네기는 어떻게 주가 폭락을 예측할 수 있었을까? 바로 카네기의 구두를 닦던 소년이 자신도 주

"나는 5만 달러를 갖고 다른 사람들은 2만 5,000달러를 갖는 사회에서 살고 싶은가? 아니면 나는 10만 달러를 갖고 다른 사람들 20만 달러를 갖는 사회에서 살고 싶은가?" 하고 물으면 대부분의 사람들은 "나는 10만 달러를 갖고 다른 사람들은 20만 달러를 갖는 사회보다는, 나는 5만 달러를 갖고 다른 사람들은 2만 5,000달러를 갖는 사회에서 살고 싶다."고 대답한다. 아마 이 책을 읽고 있는 독자들도 내부분 그렇게 생각할 것이다. 그렇다면 똑같은 질문을 조금 바꿔서 물어 보자. "주가가 오르기를 원합니까, 내리기를 원합니까?" 이것이 어째서 똑같은 질문인지 궁금한 분들은 잠시만 기다려 달라. 당연히 주식 투자자라면 누구나 주가가 오르기를 원할 것이다. 그러나 주가가 오르면, 내가 10만 달러를 가질 때 이른바 '큰손'들은 20만 달러를 가지지 않겠는가? 이런 혼란이 생기는 것은 처음의 질문 그 자체가 잘못되었기 때문이다. 이 질문에는 누구나 그런 식으로 대답한다. 질문 안에 이미 답이 있기 때문이다, 다시 말해서 질문이 정해진 답을 유도하고 있기 때문이다. 그러나 아무런 선입견 없이 답한다면 사람들의 대답은 달라질 수도 있다. 대부분의 보통 사람들은 다른 사람들의 행운을 기꺼이 기뻐해 줄 준비가 되어 있다. 단지 자신이 그렇게 착한 사람인 줄 스스로도 모를 뿐이다.

식에 투자했다고 하는 말을 들었기 때문이다.

주가가 오르면 많은 사람들이 주식에 투자하게 되고 주가는 더 오르게 된다. 그런데 주식 가격이 계속 오르기 위해서는 더 많은 새 투자자가 필요하다. 다시 말해 주식 시장에서는 먼저 투자한 사람이 돈을 벌고 나중에 투자하는 사람이 돈을 잃게 마련이다. 나의 투자는 내가 아니라 내 앞사람의 돈을 불려줄 뿐이다. 내 돈을 불려주는 것은 바로 나의 다음 사람이다.

물론 누군가의 투자가 영원히 이어진다면 모든 사람이 돈을 벌 수 있다. 그러나 어느 순간 더 이상 아무도 투자하지 않는다면 어떻게 될까? 주식 시장에 새로운 투자가 멈추면 그때부터 주가는 폭락하기 시작한다. 흔히 막차를 탔느니 상투를 잡았느니 하는 사람들은 모두 이 간단한 이치를 몰랐기 때문에 망하는 것이다.

그런데 그 막차 탄 사람이 왜 하필이면 나냐고? 다시 생각해 보자. 주식 시장이든 부동산 시장이든 먼저 투자하는 사람은 누구이며 뒤에 투자하는 사람은 누구일까? 먼저 투자하는 사람들은 바로 '큰손'이라고 불리는 사람들이다. 큰손들이 주식 가격을 올려놓으면 슬슬 '작은손'들이 투자를 시작한다. 주식 가격이 계속 오르고 주식으로 누구는 얼마를 벌었느니 하는 소문이 나기 시작하면 이제 너도 너도 주식 시장에 뛰어들기 시작하는 것이다. 그래서 맨 마지막에 뛰어든 사람은 누구일까? 바로 당신이다.

이제 천금 같은 불황의 재테크 비법을 내가 알려 주마. 불황기에는 수익에 대한 기대가 높은 쪽으로 투자할 것이 아니라 반대로 위험도가 낮은 곳으로 투자해야 한다. 한 마디로 말해 주랴? 적금 넣어라.

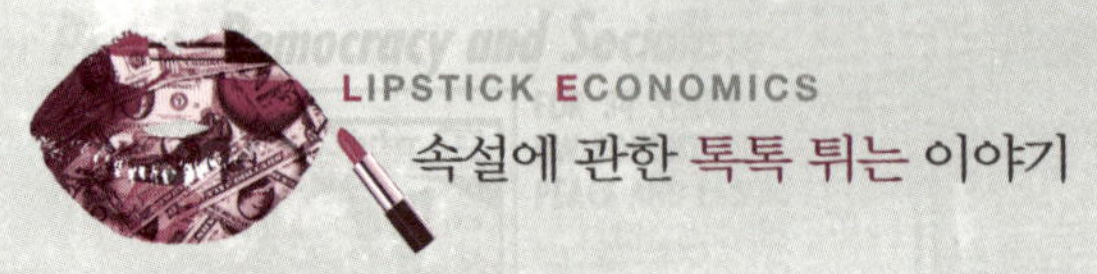

백만장자를 만들어 준다는 뻔한 거짓말

불황에는 경제경영 서적들이 잘 팔린다는 속설이 있다. 비슷한 이야기지만 불황에는 자기계발 서적들이 잘 팔린다는 속설도 있다. 두 가지는 사실상 같은 이야기인데, 여기서의 경제경영 서적이란 경제 이론 따위를 설명하는 재미없고 지루한 학술 서적들을 가리키는 것이 아니라 재테크, 처세술, 성공학, 경력 관리, 인간관계 노하우, 취업 성공 비결 따위를 의미하기 때문이다. 물론 모든 경제경영 서적들이 다 자기계발 서적들과 같은 종류인 것은 아니며, 그 중에는 어려운 경제 이론을 대중들이 쉽게 이해할 수 있도록 의도한 책들도 제법 있다. 문제는 정작 볼 만한 책은 몇 권 안 된다는 것.

불황일수록 경제 서적이 잘 팔린다는 것과 불황일수록 사행 산업이 잘 된다는 것이 일종의 상관관계가 있다. 내가 보기에 그 두 마음은 똑같다. 서점에 가 보면 '돈 버는 법' '벼락부자 되는 법' '10억 버는 방법' 따위의 제목을 단 책들을 숱하게 발견한다. 이런 책들을 볼 때마다 내가 드는 의문은 "저 사람이 정말 10억 버는 방법을 안다면 그 시간에 10억을 벌지 않고 왜 저런 책을 쓸까?"하는 것이다. 그렇지 않은가? 당신이 정말로 백만장자가 되는 법을 알고 있다면 '백만장자가 되는 법' 따위의 책을 쓰고 있을 것인가, 아니면 백만장자가 될 것인가? 정말로 당신이 주식 투자로 열 배의 수익을 올릴 수 있는 법을 안다면 '주식투자 하는 법' 따위의 책을 쓰고 있을 것인가, 아니면 주식 투자를 하러 갈 것인가? 그런데도 이런 종류의 책들이 서점의 판매대 위에서 사라지기는커녕 하루가 멀다 하고 새 책들이 쏟아져 나오는 것을 보면 그 책들을 돈 주고 사는 사람들도 있기는 있는 모양이다. 그 이유는 또 왜일까? 당연히 경제가 불황이기 때문이다.

불황일수록 경제 서적들이 잘 팔린다는 속설은 경제 상황이 좋지 않다 보니 많은 사람들이 그런 상황을 극복할 수 있는 방법들을 찾고 싶어 한다는 의미로 해석할 수 있겠다. 왜 경제가 어려운지 알고 싶기도 하겠지만, 그보다는 어떻게 이런 위기를 극복할 수 있을 것인지 무언가 긍정적이고 희망과 용기를 주는 대답을 듣고 싶은 심정에서 그런 책들을 읽는 것이다. 그러나 경제가 어려운 이유가 보통 사람들에게 있지 않은데, 보통 사람들이 아무리 경제 서적을 많이 읽는다 한들 어떻게 경제가 나아지겠는가?

불황일수록 사람들이 재테크니 성공의 비결이니 하는 책들을 읽는 이유는 로또를 사는 마음과 똑같다. 솔직히 그분들이라고 책 몇 권 읽어서 10억을 벌 수 없다는 것을 왜 모르겠는가? 하지만 그렇게라도 위안을 얻고 싶은 마음, 지푸라기라도 잡는 심정으로 로또를 사는 것이 보통 사람들의 마음인 것이다. 아마 그 심정은 "우리 자녀 서울대 보내기." "나는 이렇게 하버드에 갔다." 따위의 책을 사는 학부모의 심정과도 비슷할 것이다. 우리 아들이 서울대 못 간다는 것은 누구보다 내가 잘 안다. 차라리 그 시간에 《수학의 정석》이나 한 문제 더 푸는 것이 수능 점수를 올리는 데 더 낫다는 것도 잘 안다. 하지만 어쩌랴? 사람이 언제나 합리적일 수만은 없다는데?

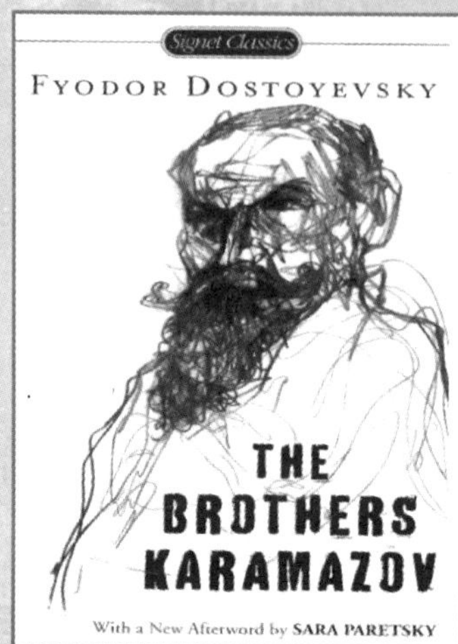

언젠가 강의 시간에 한 학생으로부터 "교수님에게 가장 큰 영향을 준 한 권의 책은 무엇입니까?"라는 질문을 받았다. 그런데 아무리 생각해 봐도 내 인생에 이 한 권의 책이 무엇인지 나도 모르겠다. 아무튼 어렵사리 세 권을 골라 보았다. 헤겔의 《논리학》, 마르크스의 《자본론》, 그리고 도스토예프스키의 《카라마조프의 형제들》이다. 나도 누군가의 인생에 영향을 줄 수 있는 그런 책 한 권을 쓰고 싶다.

참고 자료

- 《19금 경제학》, 조준현, 인물과사상사, 2009.
- 《경제용어사전》, 현석원, 인터미디어, 2009.
- 《경제학 비타민》, 한순구, 한국경제신문사, 2007.
- 《경제학 콘서트》, 팀 하포드, 김명철 옮김, 웅진지식하우스, 2005.
- 《고종 스타벅스에 가다》, 강준만 · 오두진, 인물과사상사, 2009.
- 《공정무역, 세상을 바꾸는 아름다운 거래》, 박창순 · 육정희, 시대의창, 2010.
- 《광고 불변의 법칙》, 데이비드 오길비, 최경남 옮김, 거름, 2004.
- 《광고의 역사》, 양정혜, 한울아카데미, 2009.
- 《광고판》, 마크 턴게이트, 노정휘 옮김, 이실MBA, 2009.
- 《괴짜 경제학》, 스티븐 레빗 · 스티븐 더브너, 안진환 옮김, 웅진지식하우스, 2007.
- 《금기의 수수께끼》, 최창모, 한길사, 2003.
- 《금융투기의 역사》, 에드워드 챈슬러, 강남규 옮김, 국일증권경제연구소, 2001.
- 《기적의 프로젝트 X 컵라면의 탄생》, 가토 다다시, 이길진 옮김, AK커뮤니케이션즈, 2009.
- 《꽃 가치 피어 매혹케 하라》, 김태수, 황소자리, 2005.
- 《나, 건축가 안도 다다오》, 안도 다다오, 이규원 옮김, 안그라픽스, 2009.
- 《나는 스타벅스에서 불온한 상상을 한다》, 강인규, 인물과사상사, 2008.
- 《너희가 피임을 아느냐》, 정경숙, 세계의여성들, 2000.
- 《누들 로드》, KBS 누들로드 제작팀 이욱정, 예담, 2009.
- 《누들》, 크리스토프 나이트하르트, 박계수 옮김, 시공사, 2007.
- 《담배 오백년의 이야기》, 정시련 · 전경희, 영남대학교출판부, 2003.
- 《담배 이야기》, 김정화, 지호출판사, 2000.

- 《담배와 문명》, 이언 게이틀리, 정성묵 · 이종환 옮김, 몸과마음. 2003.
- 《대한민국 화장품의 비밀》, 구희연 · 이은주, 거름, 2009.
- 《도박》, 거다 리스, 김영선 옮김, 꿈엔들, 2006.
- 《뜻으로 읽는 한국경제사》, 경제교육연구회, 시그마프레스, 2009.
- 《롱테일 경제학》, 크리스 앤더슨, 이노무브그룹 옮김, 랜덤하우스코리아, 2006.
- 《롱테일 법칙》, 스가야 요시히로, 예병일 옮김, 재인, 2006.
- 《마케팅 어드벤처 2》, 김민주, 미래의창, 2005.
- 《문신, 금지된 패션의 역사》, 스티브 길버트, 이순호 옮김, 르네상스, 2004.
- 《문신의 역사》, 조현설, 살림출판사, 2003.
- 《미국의 그린 빌딩》, 이규인, 발언, 2008.
- 《복권의 역사》, 데이비드 니버트, 신기섭 옮김, 필맥, 2003.
- 《부르주아 사회와 패션》, 필리프 페로, 이재한 옮김, 현실문화연구, 2007.
- 《불경기 처방전》, 김대우, 시공사, 2009.
- 《비너스의 유혹》, 엘리자베스 하이켄, 권복규 · 정진원 옮김, 문학과지성사, 2008.
- 《사람의 역사, 경제의 역사》, 경제교육연구회, 시그마프레스, 2008.
- 《상식이란 말에 침을 뱉어라》, 김광희, 넥서스, 2004.
- 《생활인을 위한 경제학 이야기》, 경제교육연구회, 시그마프레스, 2008.
- 《서양복식문화사》, 정흥숙, 교문사, 2002.
- 《서양복식사》, 신상옥, 수학사, 2006.
- 《서프라이즈 경제학》, 조준현, 인물과사상사, 2009.
- 《설득시키는 마법의 색》, 기노시타 요리코, 강승현 옮김, 지상사, 2006.
- 《성형 수술의 문화사》, 샌더 L. 길먼, 곽재은 옮김, 이소출판사, 2003.
- 《세계복식문화사》, 퍼트리샤 리프 애너월트, 한국복식학 옮김, 예담, 2009.
- 《세계풍속사》, 파울 프리샤우어, 이윤기 옮김, 까치, 2000.
- 《소피의 세계》, 요슈타인 가아더, 장영은 옮김, 현암사, 1996.
- 《스캔들 미술사》, 하비 래클린, 서남희 옮김, 리베르, 2009.
- 《스타벅스 vs 민들레영토》, 고은경, 21세기북스, 2008.
- 《스타벅스 감성 마케팅》, 김영한 · 임희정, 넥서스, 2003.

- 《스타벅스, 커피 한잔에 담긴 성공신화》, 하워드 슐츠, 홍순명 옮김, 김영사, 1999.
- 《아름다움의 발명》, 테레사 리오단, 오혜경 옮김, 마고북스, 2005.
- 《아름다움의 제국》, 도리스 부르하르트, 나누리 옮김, 참솔, 2005.
- 《야성적 충동》, 조지 애커로프·로버트 쉴러, 김태훈 옮김, 랜덤하우스코리아, 2009.
- 《역사적 파시즘》, 권명아, 책세상, 2005.
- 《올 댓 언더웨어》, 고현정, 시공사, 2009.
- 《유혹의 역사》, 잉겔로레 에버펠트, 강희진 옮김, 미래의창, 2009.
- 《이규태 코너 11: 막걸리의 한국학》, 이규태, 기린원, 1990.
- 《인간의 얼굴을 한 시장 경제, 공정 무역》, 마일즈 리트비노프·존 메딜레이, 김병순 옮김, 모티브북, 2007.
- 《일상의 경제학》, 하노 벡, 박희라 옮김, 더난출판사, 2006.
- 《잇 스타일》, 이선배, 넥서스, 2007.
- 《자본주의를 의심하는 이들을 위한 경제학》, 조지프 히스, 노시내 옮김, 마티, 2009.
- 《정통 타로카드 배우기》, 정성윤·정재윤, 넥서스, 2005.
- 《주식시장을 움직이는 심리의 법칙》, 이철우, 매일경제신문사, 2001.
- 《중국여성》, 루링, 이은미 옮김, 시그마북스, 2008.
- 《초고층 건축물 디자인과 설계기술》, 한국초고층건축포럼, 기문당, 2007.
- 《치장의 역사》, 베아트리스 퐁타넬, 김보현 옮김, 김영사, 2004.
- 《커피 경제학》, 김민주, 지훈, 2008.
- 《커피기행》, 박종만, 효형출판, 2007.
- 《풍속의 역사》, 에두아르트 폭스, 이기웅·박종만 옮김, 까치, 2001.
- 《프로이트와 담배》, 필립 그랭베르, 김용기 옮김, 뿌리와이파리, 2003.
- 《피임의 역사》, 맥래런, 정기도 옮김, 책세상, 1998.
- 《한국화장문화사》, 열화당, 전완길, 1994.
- 《행복의 건축》, 알랭 드 보통, 정영목 옮김, 이레, 2007.
- 《허영의 역사》, 존 우드퍼드, 여을환 옮김, 세종서적, 1998.

- 《화장의 역사》, 하루야마 유키오, 임희선 옮김, 사람과책 , 2004.
- 《화장품에 대한 50가지 거짓말》, 이나경, 북하우스, 2009.
- 《확률의 경제학》, 고지마 히로유키, 김경원 옮김, 살림Biz, 2008.

- "봇물 터진 마천루 건설 대안인가 재앙인가", 《주간한국》, 윤선희, 2219호, 2008. 4. 22.
- "불황 이혼으로 한국 경제 멍든다", 《매경이코노미》, 김소연 외, 제1495호, 2009. 3. 4.
- "세계사 새로 보기", 《주간조선》, 주경철, 2078호, 2009. 11. 2.
- "에드워드 버네이즈", 《인물과사상》, 전성원, 2010년 2월호.
- "일제말 전시체제기 여성에 대한 복장통제", 《사회와 역사》, 안태윤, 2007년 여름호.
- "점집을 찾는 사회", 〈뉴시스아이즈〉, 신동립, 제164호, 2010. 2. 8.
- "프로이트와 성(性) 혁명", 강준만, 《인물과사상》, 2010년 2월호.
- 〈마천루의 역사적 배경에 관한 연구〉, 《논문집》, 깁원갑, 진주산업대학교, 1996.
- 〈마케팅 신조어로 풀어보는 신소비 코드〉, 박정현, LG경제연구원, 2004.
- 〈불황기 히든카드 디자인〉, 하송, 삼성경제연구소, 2009.
- 〈불황기에 생각해보는 디마케팅〉, 박정현, LG경제연구원, 2003.
- 〈착한 마케팅의 명암과 성공 조건〉, 김재문, LG경제연구원, 2009.
- 〈킬힐의 경제학〉, 《한국경제신문》, 김정환, 2009. 6. 9.

- 남영비비안 www.namyeung.co.kr
- 농심 www.nongshim.co.kr
- 대선주조 www.c1soju.co.kr
- 대한산부인과의사회 www.kaog.org
- 대한화장품협회 www.kcia.or.kr
- 데일리메일 www.dailymail.co.uk
- 百度 www.baidu.com

- 부즈앨런해밀턴 www.boozallen.com
- 삼성디자인넷 www.samsungdesign.net
- 삼양식품 www.samyangfood.co.kr
- 신영와코루 www.shinyoungwacoal.co.kr
- 아모레퍼시픽 www.amorepacific.co.kr
- 유니더스 www.unidusok.com
- 人民日報 www.people.com.cn
- 中華網 www.xici.net
- 지식경제부 www.mke.go.kr
- 지엠대우 www.gmdaewoo.co.kr
- 진로그룹 www.jinro.com
- 최현주의타로이야기 www.tarotstory.co.kr
- 트렌드모니터 www.trendmonitor.co.kr
- 패션비즈 www.fashionbiz.co.kr
- 팬톤컬러연구소 www.pantone.com
- 하나금융경영연구소 www.hanaif.re.kr
- 하나은행어린이경제교육 www.hanacity.com
- 한경닷컴패션뉴스 fashion.hankyung.com
- 한국광고박물관 admuseum.kobaco.co.kr
- 한국광고영상박물관 www.kacm-museumq.or.kr
- 한국담배인삼공사 www.ktng.com
- 한국섬유산업연합회 www.kofoti.or.kr
- 한국의류산업협회 www.kaia.or.kr
- 한국잡지정보관 www.kmpa.or.kr/museum
- 한국주류산업협회 www.kalia.or.kr
- 헤럴드경제 www.heraldbiz.com
- 현대자동차 `www.hyundai.com
- 히스토리채널 www.historychannel.co.kr

왜 대중들은 속설에 열광하는가
립스틱 경제학

초판 1쇄 인쇄 2010년 7월 05일
초판 1쇄 발행 2010년 7월 20일

지은이 경제교육연구회
펴낸이 연준혁

출판 9분사_편집장 이부연
편집 배민수 우지현
제작 이재승 송현주

펴낸곳 (주)위즈덤하우스 | 출판등록 2000년 5월 23일 제13-1071호
주소 경기도 고양시 일산동구 장항동 846번지 센트럴프라자 609호
전화 031-936-4000 | 팩스 031-903-3891
홈페이지 www.wisdomhouse.co.kr
출력 플러스안 | 종이 한서지업사 | 인쇄 삼조인쇄 | 제본 대흥제책사

값 12,000원
ⓒ 경제교육연구회, 2010
ISBN 978-89-6086-273-9 13320

* 잘못된 책은 바꿔드립니다.
* 이 책의 전부 또는 일부 내용을 재사용하려면
  사전에 저작권자와 (주)위즈덤하우스의 동의를 받아야 합니다.

국립중앙도서관 출판시도서목록(CIP)

립스틱경제학 : 왜 대중들은 속설에 열광하는가? / 경제교육연구회 지음. ㅡ고양 : 위즈덤하우스, 2010 p. ; cm ISBN 978-89-6086-273-9 13320 : ₩12,000 경제학[經濟學] 320.4ㅡKDC5 330.02ㅡDDC21　　　　　　　　　　　　CIP2010002313